5199
H

RECUEIL

DES PORTRAITS

DES HOMMES ILLUSTRES,

Dont il est fait mention dans l'Histoire de France, commencée par MM. VELLY & VILLARET, & continuée par M. l'Abbé GARNIER.

TOME VIII,

CONTENANT le Regne de Louis XV.

A PARIS,

Chez NYON l'aîné, Libraire, rue du Jardinet, quartier Saint-André-des-Arcs.

M. DCC. LXXXVI.

ÉTAT DES PORTRAITS DU HUITIEME VOLUME,

Contenant le regne de Louis XV.

REGNE DE LOUIS XV.

1 LOUIS XV, *Roi de France.*
2 Marie-Charlotte-Sophie-Félicité Leczinska.
3 Louis Dauphin.
4 Marie-Thérèse-Antoinette-Raphaele d'Espagne, Dauphine.
5 Louis, Duc d'Orléans.
6 Léonor-Marie du Maine, Comte du Bourg.
7 Jacques de Chastenet, Marquis de Puységur.
8 François-Marie, Duc de Broglie.
9 Maurice, Comte de Saxe.
10 Woldemar Lowendalh.
11 Jacques-François de Chambray.
12 Guillaume Dubois, *Cardinal.*
13 André-Hercules de Fleury, *Card.*
14 Jean Law.
15 Henri-François d'Aguesseau, *Chancelier.*
16 Marc-René de Voyer de Paulmy, *Marquis d'Argenson.*
17 René-Charles de Maupeou, *Vice-Chancelier.*
18 René Herault.
19 Jérôme d'Argouges.
20 Charles Secondat, *Baron de Montesquieu.*
21 Michel-Etienne Turgot.
22 Camille Perrichon.
23 Dom Carlos, *ou* Charles III, *Roi d'Espagne.*
24 Jules Alberoni, *Cardinal.*
25 Benoît XIII, *Pape.*
26 Ange-Marie Quirini, *Cardinal.*
27 Charles-Emmanuel-Victor III, *Duc de Savoie, Roi de Sardaigne.*
28 Charles VII, *Empereur.*
29 François-Etienne de Lorraine, *dit* François I, *Empereur.*
30 Marie-Thérèse-Walpurge-Amélie-Christine, *Impératrice & Reine de Hongrie.*
31 Charles-Alexandre de Lorraine.
32 Léopold d'Anhalt Dessaw.
33 Charles-Fréderic III de Brandebourg, *Roi de Prusse.*
34 Georges-Auguste de Brunswick-Hannovre, *Roi d'Angleterre, sous le nom de* Georges II.
35 François-Edouard, *dit* Jacques III, *Prétendant.*
36 Charles-Edouard-Casimir-Louis-Philippe-Sylvestre, *Prétendant.*
37 Stanislas Leczinski, *Roi de Pologne.*
38 Anne Iwanowna, *Czarine de Moscovie.*
39 Elisabeth Petrowna, *Impératrice de Russie.*
40 Mehemet Effendi, *Ambassadeur de Turquie.*
41 Sfaid Pacha-Beglierbey de Roumely, *Ambassad. Turc.*
42 Antiochus Cantemir, *Ambassadeur.*

43 Guillaume-Charles-Henri Frison, *Stadhouder de Hollande*.
44 Thamas Kouli-kan, *Roi de Perse*.
45 Charles-Joachim Colbert, *Evêque de Montpellier*.
46 Melchior de Polignac, *Cardinal*.
47 Charles-Gaspard-Guillaume de Vintimille, *Archevêque de Paris*.
48 Armand-Gaston-Maximilien de Rohan, *Cardinal*.
49 Jean-Georges de Souillac, *Evêque de Lodève*.
50 Jean-Joseph Languet, *Archevêque de Sens*.
51 Jean-Baptiste-Joseph Languet de Gergy, *Curé de S. Sulpice*.
52 Joseph de la Fontaine Solare de la Boissiere.
53 Louis le Gendre.
54 Michel le Quien.
55 Jacques-Joseph Duguet.
56 Noël-Etienne Sanadon.
57 René Aubert de Vertot.
58 Bernard de Montfaucon.
59 Charles Rollin.
60 Balthasar Gibert.
61 Jean-Paul Bignon.
62 Charles d'Orléans de Rothelin.
63 Pierre-François Guyot des Fontaines.
64 Charles Coffin.
65 Claude Gros de Boze.
66 Nicolas Lenglet du Fresnoy.
67 Jean le Beuf.
68 Pierre-François le Courrayer.
69 Antoine Houdard de la Mothe.
70 Jean-Baptiste Rousseau.
71 Jean-Baptiste-Joseph Willart Grécourt.
72 Bernard Bouvier de Fontenelle.
73 Louis Racine.
74 Claude-Henri de Fusée de Voisenon.
75 Marie-François Arouet de Voltaire.
76 Herman Boerhaave.
77 Jean-Baptiste Silva.
78 Jean Bernoulli.
79 Jean-Louis Petit.
80 Théodore Tronchin.
81 Christian Volff.
82 Nicolas Bion.
83 Pierre Muschembroeck.
84 François Robichon de la Gueriniere.
85 Antoine Wateau.
86 Alexis-Simon Belle.
87 Hyacinthe Rigaud.
88 Nicolas Largilliere.
89 Rosalba Carriera.
90 Nicolas Coustou.
91 Charles Simonneau.
92 François Chereau.
93 Bernard Picart.
94 Nicolas-Henri Tardieu.
95 Gaspard Duchange.
96 Jean-Louis Marchand.
97 Nicolas Bernier.
98 Jean-Pierre Guignon.
99 Michel Baron.
100 Adrienne le Couvreur.
101 Gabriel-Vincent Thevenard.

LOUIS XV.
LXV. Roy de France.

Regne de Louis XV.

LOUIS XV,

dit LE BIEN-AIMÉ,

ROI DE FRANCE,

Fils de Louis de France, Duc de Bourgogne, & de Marie-Adélaide de Savoie; né le 15 Février 1710; nommé Duc d'Anjou jufqu'en 1712; & Dauphin jufqu'au premier Septembre 1715, qu'il fuccéda à Louis XIV; époufa le 5 Septembre 1725, Marie-Charlotte-Sophie-Félicité Leczinska, fille de Staniflas Leczinski, élu Roi de Pologne; mort le 10 Mai 1774.

Tome VIII.

LECZINSKA,

(MARIE - CHARLOTTE - SOPHIE - FÉLICITÉ)

REINE DE FRANCE,

Seconde fille de Staniflas Leczinski, Roi de Pologne, & de Catherine Bnin Opalinzka, fille d'Henri Opalinzki, Caftellan de Pofnanie;

Née le 23 Juin 1703; époufa Louis XV le 5 Septembre 1725; morte le 24 Juin 1768.

LOUIS DAUPHIN.
Né a Versailles le 4.7bre 1729.

LOUIS,

DAUPHIN DE FRANCE,

Fils de Louis XV, *dit* le Bien-aimé, & de Marie-Charlotte-Sophie-Félicité Leczinska ;

Né le 4 Septembre 1729 ; épousa en premieres noces Marie-Thérèse-Antoinette-Raphaelle d'Espagne, le 23 Février 1745, qu'il perdit le 22 Juillet 1746 ; & en secondes noces, Marie-Josephine de Saxe, le 9 Février 1747 ; mort le 20 Décembre 1765.

MARIE-THÉRÈSE-ANTOINETTE-RAPHAELLE

D'ESPAGNE,

Premiere femme de Monseigneur le Dauphin, fils de Louis XV;

Née le 11 Juin 1726, de Philippe V, Roi d'Espagne, & d'Elisabeth Farnèse; mariée le 23 Février 1745; morte le 22 Juillet 1746.

Louis Duc d'Orléans
Premier Prince du Sang.

C. Coypel pinx.   J. Daullé Sculp.

ORLÉANS, (LOUIS D')

DUC D'ORLÉANS,

Naquit à Verſailles en 1703, de Philippe, depuis Régent du Royaume. Il cultiva toutes les Sciences & poſſédoit les langues étrangeres; il ſe fixa totalement à l'Abbaye Sainte-Geneviéve en 1742; & y mourut le 4 Février 1752.

MAINE, (LÉONOR-MARIE DU) COMTE DU BOURG,
MARÉCHAL DE FRANCE;

Né le 14 Février 1655, de Philippe du Maine, Comte du Bourg, & de Léonor Damas de Thianges; Page du Roi en 1671; fur la fin de la campagne de 1675, eut la compagnie de Cavalerie du Régiment de Montgommery, & traita en 1677, du Régiment Royal de Cavalerie; Infpecteur de Cavalerie & Brigadier des Armées le 10 Mars 1690; Maréchal de Camp le 30 Mars 1693; en 1694, l'un des quatre Directeurs de Cavalerie & Lieutenant Général des Armées du Roi; Gouverneur de Bapaume en 1706; Maréchal de France le 2 Février 1724; mort le 15 Avril 1739.

JACQUES FRANÇOIS DE
CHASTENET DE PUYSEGUR.
Maréchal de France,
Mort en 1743. âgé de près de 80. ans

PUYSÉGUR,

(JACQUES DE CHASTENET, MARQUIS DE)

MARÉCHAL DE FRANCE,

Né le 19 Mars 1655, de Jacques de Chaſtenet, Marquis de Puyſégur, Lieutenant Général des Armées du Roi, & de Marguerite du Bois du Liége; Lieutenant Général en 1704; admis au Conſeil de Guerre en 1715; Maréchal de France en 1734; mort le 15 Août 1743.

BROGLIE,

(FRANÇOIS-MARIE, COMTE,

ET DEPUIS, DUC DE)

MARÉCHAL DE FRANCE;

Né le 11 Janvier 1671, de Victor-Maurice, Comte de Broglie, Maréchal de France, & de Marie de Lamoignon; successivement Cadet, Cornette, Capitaine; il avoit à peine 20 ans, que le Maréchal de Catinat lui obtint en 1694, l'agrément du Régiment du Roi Cavalerie; Brigadier en 1702; Maréchal de Camp le 26 Octobre 1704; Inspecteur de Cavalerie en 1707; Lieutenant Général en 1710; Directeur Général de la Cavalerie en 1718; Ambassadeur en Angleterre en 1724; Maréchal de France le 14 Juin 1734; mort le 23 Mai 1745.

SAXE

FRANCOIS MARIE DUC DE BROGLIE
Maréchal de France Gouverneur de Strasbourg
Comandant d'Alsace et Général des Armées
du Roi né le 11. Janvier 1671 mort le 23. may 1745

MAURICE DE SAXE.
Duc de Curlande et de Semigallie,
Maréchal Général des Camps et Armées du Roy.

SAXE, (MAURICE, COMTE DE)

Né à Dresde le 18 Octobre 1696, étoit fils naturel de Fréderic-Auguste, Electeur de Saxe, & depuis, Roi de Pologne, & d'Aurore, Comtesse de Konismark. A douze ans, en 1708, il fut Aide-Major du Général Schullembourg, au siege de Lille, & il se distingua dans plusieurs occasions; les Etats de Courlande le choisirent pour leur Souverain en 1726, mais la Pologne & la Russie s'armerent contre lui, & il y renonça; il passa au service de France, & il y servit en qualité de Maréchal de Camp; fait Lieutenant Général le premier Août 1734, il obtint le bâton de Maréchal le 26 Mars 1744, après la prise de Prague; il gagna sous les ordres du Roi la bataille de Fontenoy le 11 Mai 1745, & fut déclaré Maréchal Général des Camps & Armées du Roi le 11 Janvier 1747; mort à Chambord le 30 Novembre 1750.

LOWENDAL, (WOLDEMAR)

Naquit à Hambourg le 6 Avril 1700, de Woldemar, Baron de Lowendal, Grand Maréchal & Ministre du Roi de Pologne; en 1713, il servit en Pologne en qualité de simple Soldat; Capitaine en 1715, il passa en Dannemarck en qualité de Volontaire; la Czarine l'attira à son service, & lui donna le titre de Lieutenant Général d'Artillerie en 1736, & ensuite celui de Général en Chef des Armées de Russie, & le Gouvernement général du Duché d'Estonnie & de Revel; ayant passé au service de France, le Roi lui donna en 1743, la qualité de Lieutenant Général de ses Armées; après différens succès, il fut fait Chevalier des Ordres du Roi le premier Janvier 1746; Berg-op-zoom emporté d'assaut le 16 Septembre 1747, lui a valu le même jour le bâton de Maréchal de France; il mourut à Paris le 27 Mai 1755.

CHAMBRAY,

(JACQUES-FRANÇOIS DE)

Né le 15 Mars 1687, de Nicolas II, Baron de Chambray-sur-Yton. Destiné par sa mere à l'Ordre de Malthe, il y arriva le 28 Octobre 1700; il fut reçu Page le 28 Mars 1701; il commença ses Caravannes en 1706, dans lesquelles il se distingua beaucoup; il acquit en différens tems les titres de Commandeur & de Général; la prise de la Sultane Réalle de Constantinople, lui mérita une Grande Croix de Grace en 1732. Des biens qu'il avoit amassés au service de l'Ordre, il fit construire près du Migiarro, la Cité Neuve de Chambray; il mourut le 8 Avril 1756.

DUBOIS, (GUILLAUME)

CARDINAL, ARCHEVÊQUE DE CAMBRAI,

PREMIER MINISTRE DE FRANCE,

Né le 6 Septembre 1656, d'un Chirurgien de Brive-la-Gaillarde; Lecteur de Monseigneur le Duc d'Orléans, Sous-Précepteur du Duc de Chartres, son fils, depuis Duc d'Orléans, Régent; Conseiller d'Etat en 1716; Ambassadeur Plénipotentiaire en Angleterre & en Hollande en 1718, il y négocia & signa le Traité de la quadruple Alliance avec les Ministres des autres Puissances; Ministre & Secrétaire d'Etat au département des Affaires Etrangeres; Archevêque de Cambrai le 9 Juin 1720; Cardinal le 16 Juillet 1721; le 19 Octobre suivant, Surintendant des Postes; en 1722, admis au Conseil de Régence; le 22 Août suivant, nommé premier & principal Ministre de France; mort le 10 Août 1723.

GUILLAUME CARDINAL DUBOIS
Archevesque Duc de Cambray,
Prince du St Empire premier Ministre

ANDRÉ HERCULES CARDINAL
DE FLEURY.
Grand Aumonier de la Reine Ministre d'Etat

FLEURY, (ANDRÉ-HERCULES DE)

CARDINAL, PREMIER MINISTRE,

Né le 22 Juin 1653, de Jean de Fleury, Seigneur de Dyo, & de Diane de la Treilles; Chanoine de Montpellier en 1668; Aumônier de Marie-Thérèfe d'Autriche en 1692; Evêque de Frejus, en 1698; Précepteur de Louis XV en 1715; Cardinal & Premier Miniftre en 1726; mort le 29 Janvier 1745.

LAW, (JEAN)

Né en 1668 de Guillaume Law, Chapelier d'Edimbourg; obligé de quitter Londres, il vint en France en 1708, & préfenta fon projet de Finances à M. Defmarets, qui le rejetta, mais il fut écouté après fa difgrace; obtint des Lettres-Patentes pour l'établiffement defa banque générale en 1716; furnommé Directeur de la Compagnie des Indes en 1718; Contrôleur Général des Finances en Janvier 1720; entré en même-tems au Confeil de Régence; mort en 1729.

JEAN LAW
Controll.^r géńāl des Fin.^{ces} sous la Reg.^{ce}
Né à Edimbourg, mort à Venise agé de 60 ans

D'AGUESSEAU,

(HENRI-FRANÇOIS)

CHANCELIER DE FRANCE,

Né le 27 Novembre 1668, de Henri d'Aguesseau, Conseiller d'Etat, & de Claire le Picart, fille de N. le Picart de Perigny, Maître des Requêtes, & de Catherine Talon; Avocat Général à 22 ans; Procureur Général à 32; Chancelier & Garde des Sceaux le 22 Février 1717; eut des disgraces depuis 1718 jusqu'en 1727; les Sceaux lui furent rendus en 1737; se démit de ses dignités le 28 Novembre 1750; mort le 9 Février 1751.

VOYER DE PAULMY,
(MARC-RENÉ DE)
MARQUIS D'ARGENSON,
GARDE DES SCEAUX DE FRANCE,

Né le 4 Novembre 1652, de René de Voyer de Paulmy, Comte d'Argenſon, Ambaſſadeur de France à Veniſe, & de Marguerite Houllier de la Poyade, Dame de Rouffiac; marié à Marguerite Lefevre de Caumartin en 1693; Maître des Requêtes en 1694; Lieutenant de Police en 1697; Conſeiller d'Etat en 1709; Garde des Sceaux & Préſident du Conſeil des Finances en 1718; Miniſtre d'Etat en 1720; mort le 8 Juin 1721.

MAUPEOU,

RENÉ CHARLES DE MAUPEOU,
*Vicomte de Bruyeres ; Marquis de Morangles,
Seigneur de Noisy Montigny sur Aube et autres lieux,
Chevalier Conseiller du Roi en tous ses Conseils premier
President de son Parlement.*

MAUPEOU, (RENÉ-CHARLES DE)

VICOMTE DE BRUYERES,

MARQUIS DE MORANGLES, &c.

Naquit le 11 Juin 1688, de René de Maupeou, Préſident en la premiere Chambre des Enquêtes, & de Geneviéve Charlotte le Noir; reçu Conſeiller au Parlement en 1709; Maître des Requêtes en 1714; Préſident à Mortier en 1717; il fut nommé Premier Préſident du Parlement de Paris le 3 Octobre 1743, & fut reçu le 11 Novembre de la même année; ayant donné ſa démiſſion au Roi en 1757, Sa Majeſté l'a nommé en 1763, Vice-Chancelier & Garde des Sceaux; il mourut le 4 Avril 1775.

HERAULT, (RENÉ)

SEIGNEUR DE FONTAINE-L'ABBÉ ET DE VAUCRESSON,

Né à Rouen le 23 Avril 1691, de Louis Herault, Seigneur de Beauvoir, & de Jeanne-Charlotte Guillard de la Vacherie; Avocat du Roi au Châtelet de Paris en 1712; Procureur Général au Grand Conseil en 1718; Maître des Requêtes en 1719; Intendant de Tours, & Conseiller d'Honneur au Grand Conseil en 1722; Lieutenant Général de Police à Paris en 1725; Conseiller d'Etat en 1730; Intendant de Paris en 1739; mort le 2 Août 1740.

HIEROSME D'ARGOUGES DE RANES
Chevalier Seigneur de Fleury, Cons.r du Roy en
ses Conseils, M.e des Req.tes Hon.re de son Hotel,
Lieut.t Civil de la Ville Prev.té et Vicomté de Paris

ARGOUGES, (JÉRÔME D')
FLEURY DE RANNES,

Né de Jean-Pierre d'Argouges, Conseiller au Parlement, & de Françoise le Pelletier, fille de Claude, Prévôt des Marchands, Contrôleur Général & Ministre d'Etat; il passa en 1710, de la Charge de Maître des Requêtes à celle de Lieutenant Civil, où il fut reçu le 5 Octobre à la place de M. le Camus, âgé de 27 ans, retiré le 25 Octobre 1762, des pénibles fonctions de la Magistrature, qu'il avoit remplies avec éclat; il mourut le 9 Février 1767, à 85 ans.

SECONDAT, (CHARLES)

BARON DE MONTESQUIEU,

Naquit au Château de la Brede, à trois lieues de Bordeaux, le 18 Janvier 1689; il fut reçu Conseiller au Parlement de Bordeaux le 24 Juillet 1714; & le 13 Juillet 1716, Président à Mortier; il fut nommé à l'Académie Françoise en 1728; & mourut à Paris le 10 Février 1755.

TURGOT, (MICHEL-ÉTIENNE)
MARQUIS DE SOUSMONS,

Né le 9 Juin 1690; Prévôt des Marchands en 1729; Confeiller d'Etat en 1737; Honoraire de l'Académie des Infcriptions & Belles-Lettres en 1743; mort le premier Février 1751.

PERICHON, (CAMILLE)

Né à Lyon le 8 Février 1679, de Pierre Perichon, Echevin de la même Ville, & de Marguerite Severt; Secrétaire de la Ville de Lyon en 1696; il épousa en 1703, Suzanne Olivier, fille de David Olivier de Senozan; il fut Chevalier de l'Ordre de S. Michel en 1720; nommé Prévôt des Marchands & Commandant de la Ville de Lyon en 1730; & mourut en 1769.

CAMILLE PERICHON
Chevalier de l'Ordre du Roi, Conseiller
d'Etat ord.re et Prevôt des March.ds a Lion
Né a Lion le 8 Fevrier 1679.

DON CARLOS
Roy de Naples et de Sicile.

DOM CARLOS,

D'ABORD INFANT D'ESPAGNE,

PUIS DUC DE PARME ET DE PLAISANCE,

Né le 20 Janvier 1716; Roi des deux Siciles le 15 Mai 1734; puis Roi d'Espagne & des Indes sous le nom de Charles III, le 10 Août 1759. Aimé de son peuple, il en fait le bonheur.

ALBERONI, (JULES)

CARDINAL

ET PREMIER MINISTRE D'ESPAGNE,

Né le 31 Mai 1664; de simple Clerc dans une Paroisse du Parmesan, devenu Cardinal en 1717, & Premier Ministre dans la même année; mort le 26 Juin 1752.

BENOÎT.

BENOÎT XIII. URSINI,
Elû Souverain Pontife le 29. May
1724. Décédé le 21. Février 1730.

BENOÎT XIII,

PAPE,

Fils de Ferdinand Orsini, Duc de Gravina, & de Jeanne Frangipani de la Tolfa; né le 2 Février 1649; Dominicain à l'âge de 18 ans; Cardinal le 24 Août 1671; Archevêque de Manfredonia en 1675; de Cassene en 1680; puis de Benevent en 1685; enfin Pape le 29 Mai 1724; mort le 21 Février 1730.

QUERINI ou QUIRINI,

(ANGE-MARIE)

Naquit à Venife le 20 Mars 1680. Il étoit de l'ancienne Maifon de fon nom. Il entra fort jeune dans la Congrégation du Mont-Caffin; il vint en France pour y perfectionner fes talens; à fon retour il fut nommé Evêque de Brefcia, & Cardinal le 26 Novembre 1727; la connoiffance des Livres qu'il poffédoit fupérieurement, détermina Sa Sainteté à lui confier la Surintendance de la Bibliothéque du Vatican; toutes les Académies s'empefferent à l'aggréger à leur Corps; celle des Infcriptions & Belles-Lettres de Paris le choifit pour Académicien Honoraire Etranger; il y avoit déja quelques années que l'Académie de la Rochelle l'avoit adopté; il mourut à Brefcia le 9 Janvier 1755.

ANGE MARIE QUIRINI.
Cardinal, Bibliotecaire du Vatican.
Né le 10. Mars 1680.

CHARLE EMANUEL III. DE SAVOYE
Roy de Sardaigne né le 27 Avril 1701.

CHARLES-EMMANUEL VICTOR III,

DUC DE SAVOYE, ROI DE SARDAIGNE,

Fils de Victor-Amedée, & d'Anne-Marie d'Orléans;

Né le 27 Avril 1701; monta fur le trône le 3 Septembre 1730, par l'abdication de fon pere, & l'occupa en grand Prince; il eut des fuccès & des revers, mais il fut plus fouvent vainqueur que vaincu; il mourut le 20 Février 1773, après avoir été marié trois fois.

CHARLES VII,

EMPEREUR,

Né le 6 Août 1697, de Maximilien-Emmanuel, Electeur de Baviere, & de Thérèse-Cunegonde Sobieska, fille de Jean III, Roi de Pologne, *dit* le Grand; marié à l'Archiducheſſe Marie-Amélie, ſeconde fille de l'Empereur Joſeph, niéce de Charles VI; couronné le 12 Février 1742; mort le 28 Janvier 1745.

CHARLES VII
Empereur.
Né à Bruxelles, le 6.° Août 1697. Couronné à Francfort le 12 Fev.r 1742.

FRANÇ. ETIÉNE DE LORRAINE
Grand Duc de Toscane
Né le 8 Decembre 1708.

FRANÇOIS-ÉTIENNE DE LORRAINE,

dit *FRANÇOIS I*,

EMPEREUR,

Naquit le 8 Décembre 1708, de Léopold, Duc de Lorraine & de Bar, & de Charlotte-Elisabeth de France, fille de Philippe I, Duc d'Orléans, frere unique de Louis XIV; en 1730, il rendit au Roi de France la foi & hommage-lige pour raison du Duché de Bar & des autres Terres mouvantes de la Couronne; le 31 Mars 1731, l'Empereur lui donna la qualité de Vice-Roi de Hongrie, & il épousa le 12 Février 1736, Marie-Thérèse, premiere Archiduchesse, fille de l'Empereur; l'échange des Duchés de Lorraine & de Bar avec le Grand-Duché de Toscane s'étant exécuté, il en prit possession le 19 Juillet 1736; il fut élu Empereur le 13 Septembre 1745, & couronné le 4 Octobre de la même année; il mourut le 18 Août 1765.

MARIE-THÉRÈSE WALPURGE,

AMÉLIE-CHRISTINE,

D'abord premiere Archiduchesse d'Autriche, puis Grande Duchesse de Toscane, & depuis Impératrice Reine d'Hongrie & de Bohême;

Fille de Charles VI, Empereur, & d'Elisabeth-Christine de Brunswick Blenkembourg Wolfembutel, naquit le 13 Mai 1717; elle fut mariée le 12 Février 1736, à François-Etienne, Duc de Lorraine & de Bar, Empereur sous le nom de François I; morte le 29 Novembre 1780.

CHARLES-ALEXANDRE DE LORRAINE,

Chevalier de la Toison d'Or, Gouverneur des Pays-Bas, frere de l'Empereur François I; naquit le 12 Décembre 1712, de Léopold-Joseph, Duc de Lorraine & de Bar, & d'Elisabeth-Charlotte d'Orléans; peu de tems après le mariage de son frere, il alla en Autriche, & l'accompagna dans la campagne de Bohême contre les Turcs; à son retour il fut fait Général d'Artillerie, & fut nommé après par la Reine d'Hongrie, sa belle-sœur, Feldt-Maréchal Général, & son Vicaire général en Italie; il avoit épousé le 7 Janvier 1744, Marie-Eléonore d'Autriche, seconde fille de Charles VI, qu'il eut le malheur de perdre la même année; il mourut le 4 Juillet 1780.

LÉOPOLD
D'ANHALT DESSAW,
COMTE D'ASCANIE,

Né le 3 Juin 1676, de Jean-George II du nom, Prince d'Anhalt-Deſſaw, & de Henriette-Catherine de Naſſaw-Orange, fille de Fréderic de Naſſaw, Prince d'Orange; il fut ſucceſſivement Lieutenant héréditaire de l'Electorat de Brandebourg, Feld-Général des Armées de l'Empire, & Généraliſſime des Armées du Roi de Pruſſe; mourut comblé de gloire à Deſſaw, le 9 Avril 1747.

CHARLES

LEOPOLD PRINCE D'ANHALT.
DESSAU
Généralissime des Armées du Roi de Prusse et Génal Feld
Marechal de l'Empire.

CHARLES=FREDERIC III.
Roy de Prusse, Elect. de Brandeb.ʳᵍ
Né à Berlin, le 24 Janvier 1712.

CHARLES-FRÉDERIC III

DE BRANDEBOURG,

Dit d'abord le Prince Royal de Prusse, & aujourd'hui, Electeur de Brandebourg, Roi de Prusse;

Naquit le 24 Janvier 1712, de Fréderic-Guillaume, Electeur de Brandebourg, second Roi de Prusse, & de Sophie-Dorothée d'Hanover, fille de Georges-Louis, & sœur de Georges II, Roi d'Angleterre; il épousa le 9 Juin 1733, Elisabeth-Christine de Wolfembuttel, & succéda au Roi Fréderic-Guillaume, son pere, le 31 Mai 1740; il réunit toutes les qualités du Monarque, du Héros, du Sage; les sciences, la guerre, la politique, les vertus du Souverain & du Citoyen, en font un des grands Rois de notre siecle.

Tome VIII. E

GEORGES-AUGUSTE DE BRUNSWICK HANOVRE,

Fils aîné de Georges-Louis, Duc d'Hanovre & Roi d'Angleterre, & de Sophie-Dorothée de Brunswick-Lunebourg, Duchesse de Zell, d'abord Prince d'Hanovre, puis Prince Electoral d'Hanovre, enfin Roi d'Angleterre, sous le nom de Georges II;

Naquit le 30 Octobre 1683; il épousa en 1705, Guilleminé-Dorothée de Brandebourg-Anspak; il fut proclamé Roi d'Angleterre au mois de Juillet 1727, & couronné à Westminster le 15 Octobre suivant; il mourut le 25 Octobre 1760.

GEORGE II.
Roy d'Angleterre.
Né le 30.8bre 1683.

JACQUES III.
Roy d'Angleterre.
Né le 26. Juin 1688.

FRANÇOIS-ÉDOUARD,

dit JACQUES III,

D'abord appellé le Prince de Galles, puis Jacques III par la France, après la mort de Jacques II, son pere, ensuite connu même en Angleterre, & par les partisans du Prince d'Orange, sous la qualité de Prétendant, & enfin appellé le Chevalier de Saint-Georges;

Naquit en Angleterre le 26 Juin 1688, de Jacques II, Roi d'Angleterre, & de Marie-Béatrix-Eléonore d'Est, sa seconde femme, fille d'Alphonse III du nom, Duc de Modène; il passa en France avec sa mere à l'âge de six mois; il n'avoit pas 13 ans à la mort de son pere; Louis XIV fit de vaines tentatives pour le faire monter sur le trône d'Angleterre; mais n'ayant pu y réussir, ce Prince se retira à Rome, où il passa le reste de ses jours.

CHARLES-ÉDOUARD-CASIMIR-LOUIS-PHILIPPE-SYLVESTRE,

Dit d'abord le Prince Prétendant, & aujourd'hui le Prince Edouard, fils aîné de Jacques III, dit le Chevalier de Saint-Georges, & de Marie-Casimir-Josephe-Anne-Thérèse-Caroline Sobieska, petite-fille de Jean Sobieski, Roi de Pologne, surnommé le Grand, & fille de Jacques-Louis Sobieski;

Naquit à Rome le 31 Décembre 1720; il passa en Ecosse en 1745, & y prit le titre de Gouverneur Général du Royaume; il y eut différens succès; mais la journée de Culloden, du 27 Avril 1746, mit le comble à ses infortunes, qu'il éprouva avec toute la fermeté d'un Héros.

STANISLAS LECZINSKI,

ROI DE POLOGNE,

Né le 21 Octobre 1677, de Raphael Leczinski, Comte de Leckno, Palatin de Posnanie, & d'Anne Jablonowska; Roi de Pologne en 1705; renonça à ce titre en 1736, & eut la jouissance des Duchés de Lorraine & de Bar; mort le 23 Février 1766.

IWANOWNA, (ANNE)

CZARINE DE MOSCOVIE,

Née le 7 Juin 1693, du Czar Iwan, ou Jean Alexiowitz, frere aîné de Pierre le Grand; mariée le 13 Novembre 1710, à Fréderic-Guillaume de Ketler, Duc de Courlande & de Semigale; succéda au Czar Pierre II en 1730: morte le 28 Octobre 1740.

ANNE IWANOWNA,
Czarine de Moscovie
née le 7. Juin 1693.

PETROWNNA, (ÉLISABETH)

IMPÉRATRICE DE RUSSIE,

Fille de Pierre I, dit le Grand, & de Catherine Alfendeyl, fille d'un Gentilhomme Suédois;

Née le 29 Décembre 1719; monta sur le Trône Impérial le 6 Décembre 1741, par une révolution qui en fit descendre le Czar Iwan, regardé comme imbécille; morte le 5 Janvier 1762.

MÉHÉMET EFFENDI,

TEFTERDAR, ou GRAND TRÉSORIER

DE L'EMPIRE OTHOMAN,

Nommé Plénipotentiaire au Traité de Passarowitz, conclu entre l'Empereur Charles VI & Achmet III, le 21 Juillet 1718; Ambassadeur extraordinaire de la Porte en France, fit son entrée à Paris le 16 Mars 1721; retourné en Turquie, fut nommé Gouverneur de l'Isle de Chypre, où il est mort.

SAID,

MEHEMET EFFENDY TEFTERDAR.
Ambassadeur Extraordinaire de la Porte,
vers le Roy très Chrétien Louis XV. en 1721.

SSAID PACHA BEGLIERBEY
de ROUMELY.
Ambassadeur Extraordinaire de Sa Hautesse,
vers Sa Majesté très Chrétienne, en 1742.

SSAID,

PACHA-BEGLIERBEY DE ROUMELY,

Ambassadeur extraordinaire de Sa Hautesse vers Sa Majesté Très-Chrétienne en 1742.

CANTEMIR, (ANTIOCHUS)

Fils de Démétrius Cantemir, s'adonna comme lui à l'étude, aux sciences & aux arts; Membre de l'Académie de Pétersbourg, & successivement Ambassadeur à Londres & à Paris; on admira également en lui le Ministre & l'homme de lettres; il mourut en Russie en 1744.

ANTIOCHUS
PRINCE CANTEMIR.
Ambassadeur de Russie.
Mort en Russie en 1744.
Agé de 34 ans 5 mois.

GUILLAUME CHARLES
HENRI FRISON.
Prince de Nassau Stadhouder de Hollande
Né a Leuuarde le 1.er 7.bre 1711.

FRISON,

(GUILLAUME-CHARLES-HENRI)

PRINCE DE NASSAU,

STADHOUDER DE HOLLANDE,

Né le premier Septembre 1711; mort en 1751.

THAMAS-KOULI-KAN,

DIT D'ABORD

NADIR KULI OU KOULI,

ET DEPUIS,

SCHACH-NADIR,

Naquit à Calot, dans la Province de Khorafan; nommé Général des troupes de Perfe en 1729; couronné Roi de Perfe en 1736; maffacré en 1747 par fon neveu, à l'âge de 60 ans ou environ.

THAMAS KOULIKAN
Sophi de Perse.

CHARL. JOACHIM COLBERT
Evêque de Montpellier,
Né à Paris le 11 Juin 1667 Mort à Montpellier,
le 8 Avril 1738.

COLBERT, (CHARLES-JOACHIM)

ÉVÊQUE DE MONTPELLIER,

Né le 11 Juin 1667, de Charles Colbert, Marquis de Croiffy, Secrétaire & Miniftre d'Etat, & de Marguerite Beraud, fille de Joachim, Grand-Aumônier de France; mort le 8 Avril 1738.

POLIGNAC, (MELCHIOR DE)
CARDINAL,

Né le 11 Octobre 1661, second fils de Louis-Armand, Vicomte de Polignac, & de Jaqueline du Roure; Ministre à l'âge de vingt-sept ou vingt-huit ans; Ambassadeur en Pologne en 1693; Plénipotentiaire en Hollande en 1710, & aux Conférences d'Utrecht en 1712 & 1713; Cardinal en 1713; Archevêque d'Auch en 1726; mort le 10 Novembre 1741.

MELCHIOR CARDINAL DE POLIGNAC

CHARLES GASPARD GUILLAUME
DE VINTIMILLE
des C.tes de Marseille du Luc, Archev. de Paris, Duc
de S.t Cloud, Pair de Fr. Command.r de L'Ord.e du S.t Esprit

VINTIMILLE,

(CHARLES-GASPARD-GUILLAUME DE)

ARCHEVÊQUE DE PARIS,

Le septiéme des enfans de François de Vintimille, des Comtes de Marseille, & d'Anne de Forbin, fille de Jean de Forbin de la Marthe; né le 15 Novembre 1655; Evêque de Marseille en Juin 1684; Archevêque d'Aix en Février 1708, & Archevêque de Paris au mois de Mars 1729; mort le 13 Mars 1746.

ROHAN,

(ARMAND-GASTON-MAXIMILIEN DE)

CARDINAL, ÉVÊQUE DE STRASBOURG,

GRAND-AUMÔNIER DE FRANCE,

Né le 14 Juin 1674, le cinquiéme fils de François de Rohan, Prince de Soubife, & d'Anne Chabot de Rohan, Dame de Soubife; Chanoine de Strafbourg; élu Coadjuteur le 28 Février 1701; Evêque en 1704; Cardinal le 18 Mai 1712; Grand-Aumônier en 1713; mort le 19 Juillet 1749.

JEAN GEORGE DE SOUILLAC
Sacré Evêque de Lôdève en 1733.
Mort à Lôdève en 1750.

SOUILLAC, (JEAN-GEORGES DE)

Sacré Evêque de Lodeve en 1733; mort à Lodeve en 1750.

LANGUET, (JEAN-JOSEPH)

Né à Dijon le 25 Août 1679, de Denis Languet, Procureur Général au Parlement de Bourgogne, & de Marie Robelin; il fut nommé à l'Evêché de Soissons en 1715, & à l'Archevêché de Sens en 1730; il fut reçu à l'Académie Françoise en 1721, & mourut le 11 Mai 1753, dans son Palais Archiépiscopal de Sens.

JEAN BAPT. JOSEPH LANGUET de GERGY
Docteur de Sorbonne, Curé de St. Sulpice.
Né à Dijon le 6 Juin 1675, Mort le 11 Octobre 1760.

LANGUET DE GERGY,
(JEAN-BAPTISTE-JOSEPH)
CURÉ DE S. SULPICE DE PARIS,

Né à Dijon le 6 Juin 1675, de Denis Languet, Procureur Général au Parlement de Dijon, & de Marie Robelin; il succéda en 1714 à M. de la Chétardie, Curé de S. Sulpice, dont il avoit été le Vicaire. A peine fut-il Curé, qu'il conçut le dessein d'élever le magnifique édifice qu'on admire aujourd'hui. La premiere pierre de l'Eglise fut posée en 1719, par Philippe, Duc d'Orléans, Régent du Royaume; la consécration de cette Eglise se fit en 1745; il fonda aussi la Maison de l'Enfant Jesus; il résigna sa Cure en 1748, & mourut le 11 Octobre 1750.

LA BOISSIERE,

(JOSEPH DE LA FONTAINE SOLARE DE)

PRÊTRE DE L'ORATOIRE,

CÉLEBRE PRÉDICATEUR,

Naquit à Dieppe en 1649; & mourut à Paris en 1732.

LOUIS LE GENDRE
Prêtre, Chanoine et Souschantre
de l'Eglise de Paris, Historiogᵉ. de Fr.
Né à Rouen, Mort à Paris, le 1ᵉʳ Feb. 1733. age de 78 ans.

LE GENDRE, (LOUIS)

SOUS-CHANTRE DE L'ÉGLISE

DE NOTRE-DAME DE PARIS,

Né en 1655; mort le premier Février 1733.

LE QUIEN, (MICHEL)

DOMINICAIN,

Né le 8 Octobre 1661; mort le 12 Mars 1733.

LE R.P. MICHEL LE QUIEN
Dominicain
Né à Boulogne sur mer, le 8. Octobre
1661. Mort à Paris le 12. Mars 1733.

JACQUES JOSEPH DU GUET
Né à Montbrison, le 9 Septembre 1649. Mort à Paris, le 25 Octobre 1733.

DUGUET, (JACQUES-JOSEPH)

PRÊTRE DE L'ORATOIRE,

Né le 9 Septembre 1649, de Claude Duguet, Avocat du Roi au Préſidial de Mont-Briſon, & de Marguerite Colombet; mort le 25 Octobre 1733.

SANADON, (NOEL-ÉTIENNE)

JÉSUITE,

Né le 16 Février 1676; mort le 22 Octobre 1733.

VERTOT,

NOEL ETIENNE SANADON
de la Comp.^e de Jesus
Né à Rouen, le 16. Février 1676. Mort à Paris, le
22. Octobre 1733.

VERTOT, (RENÉ-AUBERT DE)

Né le 25 Novembre 1655, de François Aubert, Seigneur de Bennetot, & de Louife Hannivelle de Mennevillette; mort le 15 Juin 1735.

MONTFAUCON, (BERNARD DE)

BÉNÉDICTIN,

Né le 16 Janvier 1655, de Timoléon de Montfaucon, Seigneur de Roquetaillade, & de Flore de Maignan, fille du Baron d'Albieres; entré dans la Congrégation de S. Maur en 1675; mort le 21 Décembre 1741.

D. BERN. DE MONTFAUCON
R. de la Congreg. de S.t Maur
Né au Ch.au de Soulage, Diocese de
Narbonne le 16. Janv. 1655.

CHARLES ROLLIN
Ancien Recteur de l'Université, Professeur
d'Éloq.ce au College Roial, de l'Acad.e des Bell Lett.res
Né à Paris, en Janvier 1661.

ROLLIN, (CHARLES)

PROFESSEUR D'ÉLOQUENCE,

Fils de Pierre Rollin, Coutellier de Paris; né le 31 Janvier 1661; Recteur en 1694; Principal du Collége de Beauvais en 1699; mort le 14 Septembre 1741.

GIBERT, (BALTHASAR)
PROFESSEUR D'ÉLOQUENCE
AU COLLÉGE MAZARIN;

Trois fois Recteur, & Syndic Perpétuel de l'Université de Paris, fils d'Etienne Gibert, Avocat;

Naquit le 17 Janvier 1662; & publia différens Ouvrages très-estimés; & mourut le 28 Octobre 1741.

Baltazar Gibert.
Aquisextanus, Eloq. in Collegio Mazarinæo Professor, Universitatis
Parisiensis Rector tertium ac Syndicus. Obiit anno reparatæ Salutis
1741°. Ætatis 80°.

JEAN PAUL BIGNON
Abbé de St Quentin, Doyen des Conseillers d'Etat,
Bibliot.re du Roi, des Acad. Fr.se des Sc.es des belles Lettres &c.
Né à Paris, le 19. Septembre 1662.

BIGNON, (JEAN-PAUL)

BIBLIOTHÉCAIRE DU ROI,

Né le 19 Septembre 1662, de Jérôme Bignon, second du nom, Conseiller d'Etat, & de Susanne Phelipeaux de Pont chartrain; Conseiller d'Etat en 1701; Bibliothécaire du Roi en 1718; mort le 14 Mars 1743.

ROTHELIN;

(CHARLES D'ORLÉANS)

Né au mois d'Août 1691, d'Henri d'Orléans, Marquis de Rothelin, & de Gabrielle-Eléonore de Montault de Benac, fille de Philippe de Montault, Duc de Navailles, Maréchal de France; il accompagna le Cardinal de Polignac dans le voyage qu'il fit à Rome à la mort d'Innocent XIII; il s'appliqua à la connoiffance des Médailles, & fut regardé comme le plus favant antiquaire; il fut reçu à l'Académie Françoife en 1728; peu de tems après, Honoraire de celle des Belles-Lettres; ce fut lui qui mit en état de paroître le Poëme de l'anti-Lucrèce, que le Cardinal Polignac lui avoit confié; il mourut en 1744.

CHARLES D'ORLEANS.
Abbé de Rothelin.
Né au Mois d'Aoust 1691. Mort le 17 Juillet 1744.

PIERRE FRANC. GUYOT
DESFONTAINES.
Né à Rouen en 1685.

GUYOT DESFONTAINES,

(PIERRE-FRANÇOIS)

Naquit à Rouen le 29 Juin 1685. Ses différens Ouvrages lui firent beaucoup de réputation; & il mourut avec celle d'un Critique redoutable, le 16 Décembre 1746.

COFFIN, (CHARLES)

Naquit à Buzancy, Bourg du Diocèse de Reims, le 4 Octobre 1676. Il fut fait Principal du Collége de Beauvais en 1713, & élu Recteur en 1718 ; il se distingua dans l'une & l'autre de ces places ; ses Hymnes brillent de cet éclat naturel & simple puisé dans les sources de la vérité même, dans l'Ecriture & dans les Peres ; il s'occupa dans les dernieres années de sa vie, sous les yeux de M. l'Abbé de Rothelin, avec MM. Crevier & le Beau à la révision de l'anti-Lucrèce du Cardinal de Polignac ; il mourut le 20 Juin 1749.

BOZE,

CHARLES COFFIN
Ancien Recteur de l'Université de Paris et Principal du College de Beauvais. Né le 4. Octob. 1676. mort le 20. Juin 1749.

CLAUDE GROS DE BOZE
de l'Acad. des Belles lettres et Inscript: &c. de l'Acad.
Françoise. Garde des Med. du Cab. du Roy. Né à Lyon
le 28. Janv. 1680. mort à Paris le 10 7bre 1753.

BOZE, (CLAUDE GROS DE)

Né à Lyon le 28 Janvier 1680; fut nommé à l'Académie des Inscriptions en 1705; à l'Académie Françoise en 1715; & mérita l'emploi de Garde du Cabinet des Médailles du Roi; il mourut le 10 Septembre 1753.

LENGLET DU FRESNOY,

(NICOLAS)

PRÊTRE,

Naquit à Paris le 5 Octobre 1674; il se distingua par plusieurs Ouvrages qui forment aujourd'hui plus de quatre-vingt-dix volumes, & dont quelques-uns lui ont occasionné plusieurs disgraces, mais qui n'ont pas duré; il mourut le 15 Janvier 1755.

NICOLAS LENGLET
DU FRESNOY.
Né à Paris le 5. Octobre 1674.

JEAN LE BEUF
Chanoine Honoraire d'Auxerre, de l'Academie
Royale des Inscriptions et belles Lettres mort à
Paris l'An 1760 agé de 63 ans.

LEBEUF, (JEAN)

Naquit à Auxerre le 7 Mars 1687; il obtint un Canonicat à Auxerre en 1712; il se livra particuliérement à l'étude des antiquités Ecclésiastiques & Civiles de France, dans laquelle il se distingua; il fut nommé à l'Académie des Inscriptions, & mourut le 10 Avril 1760.

COURAYER,

(PIERRE-FRANÇOIS LE)

Naquit à Rouen en 1681; il entra dans l'Ordre des Chanoines Réguliers de Saint-Auguſtin, & fut nommé Bibliothécaire de Sainte-Geneviéve à Paris; il s'engagea dans ſes différens Ouvrages, dans des opinions contraires à celles de l'Egliſe; & le Général de ſon Ordre lança contre lui une excommunication; il paſſa en Angleterre, où il mourut vers l'an 1774.

PIERRE FR. LE COURAYER
Ancien Bibliothéquaire de S.te Genev.e
Né à Rouen le 17 Novembre 1681

ANTOINE HOUDART DE LA MOTTE
De l'Académie Françoise.
Né à Paris le 17 janvier 1672. Mort le 26 Décembre 1731.

LA MOTTE,

(ANTOINE HOUDAR DE)

Né le 17 Janvier 1672, d'un Marchand Chapellier; de l'Académie Françoife en 1710; mort le 26 Décembre 1731.

ROUSSEAU, (JEAN-BAPTISTE)

POETE CÉLEBRE,

Né d'un Cordonnier en 1671; mort le 17 Mars 1741.

JEAN BAPT.^e ROUSSEAU
Né à Paris en 1671.

JEAN BAPT. JOSEPH WILLART DE GRÉCOURT.
Chanoine de l'Eglise de Tours.
Né en 1683. et décédé au dit Tours le
2. Avril 1743.

GRÉCOURT,

(JEAN-BAPTISTE-JOSEPH WILLART)

Né en 1683; mort le 2 Avril 1743.

BOUVIER ou LE BOUVIER DE FONTENELLE, (BERNARD)

Naquit à Rouen le 11 Février 1657, de François le Bouvier de Fontenelle, Avocat au Parlement de Rouen, & de Marthe Corneille, fœur de Pierre & Thomas Corneille; il fe diftingua fort jeune dans tous les genres, & fut répandre les graces & la lumiere fur toutes les matieres qu'il traita; il fut nommé à l'Académie des Sciences, dont il fut Secrétaire perpétuel; & mourut Doyen de l'Académie Françoife en 1757.

RACINE,

BERNARD LE BOVIER DE
FONTENELLE
Doyen de l'Académie Françoise et Secrétaire perpétuel
de celle des Sciences.

LOUIS RACINE,
De l'Académie Royale des Inscriptions et
Belles Lettres, Né à Paris le 2. Novembre 1692.

RACINE, (LOUIS)

Second fils de Jean Racine, & de Catherine Romanel;

Naquit à Paris le 2 Novembre 1692; son Poëme de la Religion & celui de la Grace lui ont mérité une grande réputation; il mourut le 29 Janvier 1763.

VOISENON,

(CLAUDE-HENRI DE FUSÉE DE)

Abbé de l'Abbaye du Jar, Membre de l'Académie Françoife, connu par fes différens Ouvrages;

Naquit en 1708; & mourut en 1775.

CLAUDE HENRY DE FUSEE
DE VOISENON
Abbé de l'Abbaye Royalle du Jard,
Né en 1708.

Arbitre des talents qu'il aime et qu'il possede,
L'Esprit est dans ses vers d'accord avec le gout,
Toujours nouveau sans cesse à lui même il succede,
Et sans prétendre à rien, il a des droits sur tout.

MARIE FRANÇOIS ARROUET
DE VOLTAIRE
Né à Paris en 1694.

AROUET DE VOLTAIRE,

(MARIE-FRANÇOIS)

Naquit à Paris le 20 Novembre 1694; nommé à l'Académie Françoise en 1746; mort le 30 Mai 1778.

BOERHAAVE, (HERMAND)

MÉDECIN A LEYDE,

Né le 31 Décembre 1668; mort le 24 Septembre 1738.

HERMAN BOERHAAVE
Professeur en Médecine à Leyde.
De l'Académie Roy.le des Spiences, et de la Société
Roy.le de Londres. Mort à Leyde le 24 7.bre 1738.
Agé de 70 ans.

JEAN BAPTISTE SILVA
Premier Docteur en Medecine de la Faculté de Montpellier,
Docteur Regent de la Faculté en l'Université de Paris,
Medecin consultant du Roy et de S. A. S. Monseig.r
le Prince de Condé. Né à Bourdeaux le 13. Janvier
1682. Décédé à Paris le 19. Aoust 1742.

SILVA, (JEAN-BAPTISTE)

Naquit à Bordeaux le 13 Janvier 1682; Docteur à Montpellier en 1702; de la Faculté de Paris en 1712; premier Médecin du Prince de Condé; Médecin Consultant du Roi; mort à Paris le 19 Août 1742.

BERNOULLI, (JEAN)

DOCTEUR EN MÉDECINE

ET PROFESSEUR DE MATHÉMATIQUES,

Né le 27 Juillet 1667, de Nicolas Bernoulli, & de Marguerite Schunarer; mort en 1748.

JEAN BERNOUILLI
Professeur de Mathématique
Né à Basle en Suisse l'an 1667.

JEAN LOUIS PETIT.

Chirurgien juré à Paris; de l'Académie Roy.^{le} des Sciences, et de la Société Roy.^{le} de Londres; Censeur et Démonstrat. R.^{al} Ancien Prevôt de St Côme; Ancien Direct.^r et Secret.^{re} de l'Académie Royale de Chirurgie.

Né à Paris le 13 Mars 1674, Mort le 20 Avril 1750.

PETIT, (JEAN-LOUIS)

Naquit à Paris le 13 Mars 1674; il fut reçu Maître en Chirurgie en 1700; de l'Académie des Sciences de Paris & de la Société Royale de Londres en 1715; mort le 20 Avril 1750.

TRONCHIN, (THÉODORE)

Premier Médecin de S. A. S. Monseigneur le Duc d'Orléans; de l'Académie Royale des Sciences de Paris; de la Société Royale de Londres;

Naquit à Genève en 1709; il mourut à Paris le 30 Novembre 1781.

Theodore Tronchin,
PROFESSEUR EN MEDECINE A GENEVE.

Prolonger le fil de la vie
Fut son talent et son bonheur ;

Et le Ciel mit dans son génie
La récompense de son cœur.

CHRISTIAN WOLFF.
Professeur des Mathématiq.
Philosophie à Marbourg, des Academ.
de Paris et Berlin.

WOLF, (CHRISTIAN)

Baron du S. Empire, Conseiller privé du Roi de Prusse, Chancelier de l'Université de Hall;

Naquit à Breslau en 1679; le Landgrave de Hesse lui donna une chaire de Mathématiques dans l'Université de Marbourg; c'est-là où il publia la meilleure partie de ses Ouvrages, qui le firent connoître dans toute l'Europe; en 1725, l'Académie de Petersbourg lui donna la qualité de Professeur Honoraire; celle de Paris lui offrit en 1733, la place d'Associé; le Roi de Suéde le fit Conseiller de Régence; il retourna à Hall en 1741, & y mourut le 9 Avril 1754.

BION, (NICOLAS)

INGÉNIEUR DU ROI
POUR LES INSTRUMENS DE MATHÉMATIQUES,

Né à Paris en 1655; mort en 1733.

PETRUS VAN MUSSCHENBROEK, LUGD: BAT:
PH: ET M: D: PHIL: MATH: ET ASTRON: PROF: IN ACAD: ULTRAJ:
Quisquis scire cupis, quo Musschenbroekius ore
Floruerit, vegeto robore talis erat.
Quem Natura suis adytis admisit, et ultro
Cui Dea secretos pandit amica sinus.
Gallia quem celebrat, Britones cum laude salutant,
Hunc Batavus civem gaudet habere suum.

MUSSCHENBROECK,

(PIERRE DE)

Naquit à Leyde en 1692; il fut Professeur de Physique & de Mathématiques dans l'Université d'Utrecht, & ensuite dans celle de Leyde; ses différens Ouvrages ayant répandu son nom parmi les Savans, plusieurs Académies, & en particulier celles des Sciences de Paris & de Londres, se l'associerent; il mourut à Leyde en 1761.

LA GUERINIERE,

(FRANÇOIS ROBICHON DE)

Ecuyer du Roi, connu par des Ouvrages sur la Cavalerie; il mourut en 1751.

FRANÇOIS ROBICHON
DE LA GUERINIERE
Écuyer du Roi.

Ipse se pinxit.   A. WATEAU

WATEAU, (ANTOINE)

Naquit à Valenciennes en 1684; il se distingua dans la Peinture par des tableaux qui sont la plupart des fêtes, des danses, des concerts; il fut reçu à l'Académie de Peinture en 1720; & mourut à Nogent près Paris, en 1721.

BELLE, (ALEXIS-SIMON)

PEINTRE ORDINAIRE DU ROI

EN SON ACADÉMIE;

Mort à Paris le 21 Novembre 1734.

ALEXIS SIMON BELLE
Peintre ord.re du Roy en son Acad.e
Mort à Paris le 21 Novemb. 1734. agé de 60 ans.

HYAC. RIGAUD, Écuier Noble Citoien de Perpignan Chev. de l'Ordre de S. Michel, Recteur et ancien Directeur de l'Acad. Royale de Peint. et Sculp. Né le 28 Juillet 1663. Mort à Paris, le 29 Décembre 1743.

# RIGAUD, (HYACINTHE)

PEINTRE,

FILS DE MATTHIAS,

Né le 25 Juillet 1663; mort le 29 Décembre 1743.

LARGILLIERE, (NICOLAS)

PEINTRE,

Né en 1656; mort en 1746.

ROSALBA

NICOLAS DE LARGILLIERRE
Peintre ordinaire du Roi,
Recteur Chancelier et Directeur de
L'Académie Royale de Peint.^re et Sculpt.^re

Rosa Alba Pinx.   D. Ivenelle Sculp.

ROSA ALBA CARRIERA
de l'Académie Royale de Peinture.
Né à Venise

ROSALBA CARRIERA,

Naquit à Venise l'an 1678; elle réussit parfaitement dans la peinture en pastel; ses talens lui ont mérité le titre d'Académicienne de l'Académie de Peinture de Rome & de Paris; elle mourut à Venise en 1757.

COUSTOU, (NICOLAS)

SCULPTEUR,

Né le 9 Janvier 1658; mort le premier Mai 1733.

NICOLAS COUSTOU.
Sculpteur Ord.re du Roy et Recteur de l'Academie
Royalle de Peinture et Sculpture, Né a Lyon le
9 Janvier 1658. Mort a Paris le 1.er May 1733.

SIMONNEAU, (CHARLES)

GRAVEUR,

Né en 1639, de François Simonneau, Chef des Fourriers du Roi; mort le 22 Mars 1728.

CHEREAU, (FRANÇOIS)

GRAVEUR,

Né en 1681; mort le 15 Avril 1729.

BERNARD PICART
Déssinateur & Graveur
Né à Paris le 11 Juin 1673. Mort à Amsterd.^m le 8 may 1733

PICART, (BERNARD)

DESSINATEUR ET GRAVEUR CÉLEBRE,

Naquit à Paris le 11 Juin 1673; & mourut à Amsterdam le 8 Mai 1733.

TARDIEU, (NICOLAS-HENRI)

GRAVEUR,

Naquit à Paris le 15 Janvier 1674. Il a préfidé à tous les beaux Ouvrages en Gravure qui fe font faits de fon tems, fpécialement pour le Roi; il mourut le 27 Janvier 1749.

NICOLAS HENRY TARDIEU
Graveur ordinaire du Roy.
Né à Paris, le 15 Janvier 1674.

GASPARD DUCHANGE
Graveur du Roi et Con.er en son Acad.
Roiale de Peinture et Sculpture
Né à Paris le 9 Avril 1662.

DUCHANGE, (GASPARD)

CÉLEBRE GRAVEUR,

Né à Paris en 1662; mort en 1757.

MARCHAND, (JEAN-LOUIS)

ORGANISTE DU ROI,

Né en 1671; mort le 17 Février 1732.

BERNIER,

BERNIER, (NICOLAS)

MUSICIEN,

Naquit à Mantes-sur-Seine, le 28 Juin 1664; il fut Maître de la Musique de la Sainte Chapelle de Paris en 1704; & ensuite de la Chapelle du Roi en 1720; il mourut à Paris le 8 Juillet 1734.

GUIGNON, (JEAN-PIERRE)

MUSICIEN,

Naquit à Turin le 10 Février 1702; il fut reçu en 1733 à la Mufique de la Chapelle & à celle de la Chambre du Roi; il mourut à Verfailles le 30 Janvier 1774.

JEAN PIERRE GUIGNON
de Turin,
Roy des Violons.

MICHEL BARON
Comédien de la Troupe du Roy
Né à Paris en 1653 ; Mort en 1729.

BARON, (MICHEL)

COMÉDIEN ET POËTE COMIQUE,

Né en 1653; mort le 22 Décembre 1729.

LE COUVREUR, (ADRIENNE)

ACTRICE,

FILLE D'UN CHAPELIER DE FISMES,

Née en 1690; reçue à la Comédie Françoife en Mai 1717; morte le 20 Mars 1730.

ADRIENNE LE COUVREUR
Actrice du Théatre François
Née à Fimes en 1690. Morte à Paris le 20 Mars 1730.

GABRIEL VINCENT THEVENARD
Pension.re du Roi pour la Musique
Né à Paris, le 10. Août 1669.

THEVENARD,

(GABRIEL-VINCENT)

CÉLEBRE ACTEUR DE L'OPÉRA,

Naquit à Paris le 10 Août 1669; il mourut au mois d'Octobre 1741.

TABLE ALPHABÉTIQUE

De tous les Grands Hommes, & des principaux événemens, dont on trouve des Portraits, ou des Estampes dans les huit Volumes de cette Collection relative à de l'Histoire de France de MM. VELLY, VILLARET *&* GARNIER, *in-*4. *& in-*12.

Les chiffres Romains indiquent le Tome, & les chiffres Arabes, la page.

A

ABELLI, (Louis), Evêque de Rhodez, VII, 34

Acteurs & Actrices.

   Marie Château-Neuf Duclos, VII, 79
   Michel Baron, VIII, 99
   Adrienne le Couvreur, 100
   Gabriel-Vincent Thevenard, 101

Ada, Comtesse de Hollande, V, 55
Adolphe de Nassau, Empereur, I, 84
Aersens, (Corneille) Greffier des Etats de Hollande, V, 94
Ailly, (Pierre d') Cardinal, II, 6
Alais, (Louis-Emmanuel de Valois, Comte d') Duc d'Angoulême, IV, 19
Alberoni, (Jules) Cardinal, VIII, 24
Albert I, Empereur, I, 85
Albert II, Empereur, II, 25
Albert de Baviere, Comte de Hollande, V, 66
Albert. *Voyez* Luynes.
Albret, (Jeanne) Reine de Nav. II, 86
   Habil. selon le costume du tems, III, 18

Alençon, (Ducs d')

   René, II, 53
   François, III, 36
Alexandre VI, (Rodriguès Borgia) Pape, II, 66

Alexiewna, (Catherine) Czarine de Moscovie, VII, 32
Alfred, Roi d'Angleterre, I, 33
Algardi, (Alexandre) Sculpteur, VI, 33

Allemagne. (Hommes Illustres)
   Voyez Clèves, Empereurs, Empire.

Ambassadeurs.

   Olivier de la Marche, II, 39
   Guillaume Temple, *Anglois*, IV, 82
   Jean-Antoine de Mesmes, Comte d'Avaux, 94
   Noel de Bullion, VII, 21
   Nicolas Menager, Plénipotentiaire aux Conférences d'Utrecht, 23
   Antiochus Cantemir, *Russie*, VIII, 42
   Mehemet Effendi, *Turquie*, 40
   Sfaid Pacha-Beglierbey de Roumely, *Turquie*, 41
Amboise, (Georges d') Cardinal, II, 71

Amiraux.

   Gaspard de Coligny, II, 87
   Habillé selon le costume, III, 4
   Anne de Joyeuse, 17
   Charles de Lorraine, Duc de Mayenne, 43
   André-Baptiste de Brancas, 56
   Charles de Gontaut, Duc de Biron, 68

TABLE.

Amiraux.

Martin Tromp, *Hollandois*, IV, 31
Michel Ruyter, *Hollandois*, 79
Louis de Bourbon, Comte de Vermandois, V, 1
Louis-Alexandre de Bourbon, Comte de Toulouse, 28
Louis Boizot, *Hollandois*, 87
Guillaume II, Comte de Nassau, Prince d'Orange, *Hollandois*, 98
Voyez Guerriers.

Amyot, (Jacques) Evêque d'Auxerre, II, 96
Ancre. (Marquis d') *Voyez* Concini.
Andelot, (François de Coligni, Seigneur d') III, 5
Anfrye. *Voyez* Chaulieu.
Ange, (le P.) Henri de Joyeuse, III, 53
Angennes. *Voyez* Olonne.

Angleterre. (Rois d')

Egbert, I, 24
Alfred, 33
Canut I, *ou* le Grand, Roi de Dannemarck, 48
Guillaume I, le Conquérant, 53
Guillaume II, 56
Henri I, 57
Etienne de Blois, 60
Henri II, 64
Richard I, 69
Jean Sans-Terre, 73
Louis VIII, Roi de France, 77
Henri III, 76
Edouard IV, *ou* I, 81
Edouard V, *ou* II, 86
Edouard VI, *ou* III, 93
Edouard le Noir, Prince de Galles, rival, 95
Jean de Gand, Duc de Lancastre, IV⁴ fils d'Edouard III, rival, 97
Richard II, II, 2

Angleterre. (Rois d')

Henri IV, II, 7
Henri V, 12
Henri VI, 21
Edouard IV, 33
Edouard V, 59
Richard III, 60
Henri VII, 62
Henri VIII, 76
Edouard VI, 95
Jacques I, III, 44
Charles I, 92
Olivier Cromwel, *usurpateur*, IV, 33
Charles II, 54
Jacques II, 55
Guillaume III, Prince d'Orange, VI, 58
Richard Cromwel, VII, 27
Georges I, 28
Georges II, 34
Jacques III, 35

Angleterre. (Reines d')

Anne de Boulen, II, 83
Marie, fille d'Henri VIII, 101
Jeanne Gray, 100
Elisabeth, III, 13
Marie Stuart II, IV, 96
Anne Stuart, VII, 26

Angleterre. (Hommes Illustres)

Georges de Villiers, Duc de Buckingham, III, 98
Guillaume Temple, *Ambassadeur*, IV, 82
Jean Churchill, Duc de Marlborough, *Guerrier*, 100
Jean Milton, *Poëte*, VII, 45
Jean Locke, *Philosophe*, 51
Isaac Newton, *Philosophe*, 62
Rapin Thoyras, *Historien*, 63
Matthieu Tindall, *Historien*, 64

TABLE.

Angleterre. (Femme Illuftre)
  Henriette-Anne, époufe du Duc d'Or-
    léans,   IV, 68
Angoulême. (Ducs d') *Voyez* Valois.
Aniello *ou* Mazaniel, (Tomafo) IV, 45

Anjou. (Comtes d')
  Henri II, Roi d'Angleterre, I, 64
  Richard I, Roi d'Angleterre,   69
  Jean Sans Terre, Roi d'Angleterre, 73
  Edouard IV, *ou* I, Roi d'Angle-
    terre,   81
  René, Roi de Naples & de Sicile,
                                    II, 23
  Charles, Comte du Maine, II, 27
  Anne d'Autriche, Reine de France,
                                    III, 96
  Anne de Bretagne, Reine de France,
                                    II, 63
Anvers. (Conful d')
  Philippe Marnix, Sieur du Mont-Saint-
    Aldegonde,   V, 86

Archevêques & Evêques.
  Guillaume Charretier, *Paris*, II, 31
  Jacques Amyot, *Auxerre*,   96
  Guillaume Duvair, *Lifieux*, III, 67
  Jean-Franç. de Gondi, *Paris*, IV, 8
  Jean-François-Paul de Gondi, Cardi-
    nal de Retz, *Paris*,   46
  Victor Bouthillier, *Tours*,   25
  Jean-Pierre Camus, *Belley*,   57
  Jacques-Benigne Boffuet, *Meaux*,   85
  Jean-Louis de Fromentieres, *Aire*,
                                    V, 9
  Efprit Flechier, *Nifmes*,   16
  François de Salignac de la Mothe-
    Fenelon, *Cambrai*,   21
  Jean Soanen, *Senez*,   22
  Jean de Baviere, *Liege*,   67

Archevêques & Evêques.
  André de Bourdeille, *Périgueux*,
                                    VI, 14
  Philippe Cofpean *ou* Cofpeau, *Li-
    fieux*,   23
  Nicolas Grillié, *Uzès*,   24
  François de Sales, *Genève*,   25
  Louis Abelli, *Rhodez*,   VII, 34
  Charles-Joachim Colbert, *Montpel-
    lier*,   VIII, 45
  Charles-Gafpard-Guillaume de Vinti-
    mille, *Paris*,   47
  Jean-Georges de Souillac, *Lodève*, 49
  Jean-Jofeph Languet, *Sens*,   50

Architecte.
  Dominique Fontana,   III, 80

Architectes, Peintres & Sculpteurs.
  Michel-Ange Buonarotti,   III, 21
  Pierre Puget,   V, 37
  Jean-Laurent Bernin,   VII, 80
Argenfon. *Voyez* Voyer.
Argouges de Fleury de Rannes, (Jé-
  rôme d') Lieutenant Civil, VIII, 19
Ariftote, Philofophe,   I, 74
Arnaud, (Antoine) favant Théologien,
                                  IV, 77
Arnould, Empereur,   I, 32
Arnould, Duc de Gueldres,   II, 45
Arnoud, Comte de Hollande,   V, 43
Aretin, (Pierre) Satyrique,   VI, 11
Arouet. *Voyez* Voltaire.
Arras, (Plan du Siege d')   VI, 39
Artiftes. *Voyez* Architectes, Deffina-
  teurs, Graveurs, Imprimeurs, Muficiens,
  Organiftes, Peintres, Sculpteurs.
Artois, (Comte d')
  Louis VIII, Roi de France,   I, 77

Aftrologue.
  Michel Noftradamus,   III, 25

Aftronomes.

TABLE.

Astronomes.
  Tycho-Brahé, III, 76
  Nicolas Copernic, VI, 6
Ath, (prise d') VI, 70
Avaux. *Voyez* Mesmes.
Aubigné. *Voyez* Maintenon.
Aubusson. *Voyez* Lafeuillade.
Audran, (Gérard) *Graveur*, VII, 87
Audran, (Benoît) *Graveur*, 90
Aunoy, (Marie-Catherine, jumelle de Berneville, Comtesse d') *Femme Savante*, VII, 77
Avocats Généraux.
  Etienne Pasquier, III, 23
  Louis Servin, 59

Avocats.
  Charles Dumoulin, 26
  Denis Godefroy, IV, 6
  Gilles Menage, V, 30
  Jean Domat, VII, 49

Avocats de Hollande.
  Voyez Hollande. (Hommes célebres)

Autriche. (Ducs d')
  Albert I, Empereur, I, 85
  Fréderic III, Empereur, 90
  Albert II, Empereur, II, 25
  Fréderic IV, Empereur, 26

B

BAILLET, (Adrien) *Bibliothécaire*, VII, 41
Ballue, ou la Ballue, (Jean) *Cardinal*, II, 41
Balzac d'Entragues, (Catherine-Henriette de) *Marquise de Verneuil*, III, 73
Bandinelli Baccio, (Barthelemi) *Peintre & Sculpteur*, VI, 13
Barberousse, (Fréderic I, dit) *Empereur*, I, 63
Barbieri, *surnommé* le Guerchin, (François) *Peintre*, IV, 81
Barcelonne, (Plan de la Ville de) VI, 71
Barneveldt, (Jean Olden) *Avocat de Hollande*, V, 93
Baroche, (Fréderic) *Peintre*, III, 91
Baron, (Michel) *Comédien*, VIII, 99
Barthelemi des Martyrs, *Dominicain*, III, 61
Bassompierre, (François de) *Maréchal de France*, III, 85
Basville. *Voyez* Lamoignon.
Tome VIII.

Batailles célebres.
  Montlhery, II, 42
  Nancy, II, 48
  Dreux, III, 19, 20
  Rocroy, VI, 37
  Des Dunes, 40
  Ensheim, 45
  Cassel, 47
  Fleurus, 53
  Nerwinde, 64
  Marsaille, 66
  Vergés, 67
  Luzzara, 74
  Fredelingue, 78
  Spire, VII, 1
  Hochstet, 3
  Ramillies, 5
  Malplaquet, 12
  Voyez Combats, Sieges, Camps.

Baviere. (Ducs de)
  Louis V, *Empereur*, I, 89
  Maximilien-Emmanuel, VI, 59
  Charles VII, *Empereur*, VIII, 28

TABLE.

Bayard, (Pierre du Terrail, Chevalier)
  Guerrier, II, 72
Bayle, (Pierre) *Savant Critique*, VII, 53
Beaufort. (Ducs & Duchesses de)
  Gabrielle d'Etrées, III, 62
  François de Vendôme, IV, 28
Bedfort. (Duc de)
  Jean, fils d'Henri IV, *Roi d'Angleterre*, II, 17
Belle, (Alexis-Simon), *Peintre*, VIII, 86
Belle-Isle. *Voyez* Fouquet.
Bellievre, (Pompone de) *Chancelier*, III, 33
Bénédictins Savans.
  Jean Mabillon, VII, 42
  Bernard de Montfaucon, VIII, 58
Benoît XIII, *Pape*, VIII, 25
Berenger, *Roi d'Italie*, usurpateur, I, 50
Berghem, (Nicolas) *Peintre*, V, 4
Berneville. *Voyez* Aunoy.
Bernier, (Nicolas) *Musicien*, VIII, 97
Bernin, (Jean-Laurent, le Cavalier) *Architecte, Sculpteur & Peintre*, VII, 80
Bernoulli, (Jacques) *Mathématicien*, VII, 52
Bernoulli, (Jean) *Mathématicien*, VIII, 78
Berry. (Duc de)
  Charles de France, II, 38
Berryer, (Louis) *Directeur des Finances*, V, 14
Berton. *Voyez* Crillon.
Berulle, (Pierre de) *Cardinal*, VI, 22
Bethune. *Voyez* Sully.
Bethune, (Plan de) VII, 13
Beze, (Théodore de) *Calviniste*, II, 89
Bibliothécaires du Roi.
  Jérôme Bignon, IV, 24
  Jean-Paul Bignon, VIII, 61

Bibliothécaires.
  Adrien Baillet, VII, 41
  Claude Gros de Boze, *Garde du Cabinet des Médailles*, VIII, 65
Bigot. *Voyez* Cornuel.
Bion, (Nicolas) *Constructeur d'Instrumens de Mathématiques*, VIII, 82
Biron. (Ducs de) *Voyez* Gontaut.
Blacvod, (Henri) *Médecin*, VI, 30
Blois. (Comte de)
  Etienne, *Roi d'Angleterre*, I, 60
Boerhaave, (Hermand) *Médecin*, VIII, 76
Bohême. (Rois de)
  Venceslas, *Empereur*, II, 4
  Sigismond., *Empereur*, 13
  Albert II, *Empereur*, 25
Boileau Despréaux, (Nicolas) *Poëte*, VII, 69
Boisot, (Louis) *Amiral de Zélande*, V, 87
Bongars, (Jacques) *Calviniste*, III, 90
Bonne. *Voyez* Lesdiguieres.
Bonneau. *Voyez* Miramion.
Borgia, (César) *Duc de Valentinois*, II, 68
  Voyez Alexandre VI.
Bossuet, (Jacques-Bénigne) *Evêque de Meaux*, IV, 85
Boucherat, (Louis) *Chancelier & Garde des Sceaux*, V, 11
Boudier, Sieur de la Jousseliniere, (René) *Savant*, VII, 61
Bouffon.
  Raphael Ménicuccius, VI, 35
Bouillon, (Emmanuel-Théodose de la Tour-d'Auvergne) *Cardinal*, IV, 84
  Voyez Turenne.

TABLE.

Boulen, (Anne) *Reine d'Angleterre*, II, 83
Boulogne. (Comte de)
  Etienne de Blois, *Roi d'Angleterre*, I, 60
Bourbon. (Princes & Princesses de)
  Jean II, II, 58
  Charles, 78
  Louis I du nom, *Prince de Condé*, 98
  Antoine, *Roi de Navarre*, nommé avant Duc de Vendôme, III, 7
  Henri I, *Prince de Condé*, 31
  Charles II de Lorraine, *Cardinal*, 39
  Charles, *Comte de Soissons & de Dreux, Grand-Maître de France*, 52
  Catherine, *Princesse de Navarre*, 63
  Henri, *Duc de Montpensier*, 66
  Henri II, *Prince de Condé*, 81
  Louis de Bourbon, II du nom, *Prince de Condé*, IV, 40
  Anne Geneviève, *Duchesse de Longueville*, 49
  Louis, *Comte de Vermand. Amir*. V, 1
  Louis-Alexandre, légitimé de France, *Comte de Toulouse, Amiral*, 28
  Franç. Louis, *Prince de Conti*, VI, 61
Bourdeille, (Pierre) *Abbé de Brantôme*, III, 95
Bourdeille, (André de) *Evêque de Périgueux*, VI, 14
Bourg. (Comte du) *Voyez* Maine.
Bourgogne. (Ducs de)
  Philippe-le-Bon, II, 16
    habillé selon le *Costume*, V, 70
  Charles-le-Hardi, II, 44
    habillé selon le *Costume*, V, 71
  Marie, *Duchesse*, II, 49
    habillée selon le *Costume*, V, 72
  Louis de France, petit-fils de Louis XIV, VI, 80

Bouthillier, (Victor) *Archevêque de Tours*, IV, 25
  Voyez Rancé.
Bouvier. *Voyez* Fontenelle.
Bouvieres. *Voyez* Guyon.
Boze, (Claude Gros de) *Garde du Cabinet des Médailles*, VIII, 65
Brancas. *Voyez* Villars.
Brantôme, (Pierre Bourdeille, Abbé de) III, 95
Bretagne. (Ducs de)
  François II, II, 32
  Anne, *Reine de France*, 63
Breughel, *surnommé* le Vieux, (Pierre) *Peintre*, VI, 16
Brisach, (Plan de) VI, 79
Brissac. (Ducs de) *Voyez* Cossé.
Brisson, (Barnabé) *Président à Mortier*, III, 64
Brissonet, (Guillaume) *Cardinal*, II, 65
Broglie, (François-Marie, Duc de) *Maréchal de France*, VIII, 8
Broussel, (Pierre de) *Conseiller au Parlement*, IV, 47
Brulart. *Voyez* Sillery.
Buckingham, (Georges de Villiers, Duc de) III, 98
Buis, (Paul) *Avocat de Hollande*, V, 85
Bullion, (Noël de) *Ambassadeur*, VII, 21
Buonarotti, (Michel-Ange) *Architecte, Peintre & Sculpteur*, III, 21
Buquoy, (Charles de Longueval, Comte de) VI, 20
Bussy, (Roger de Rabutin, Comte de) IV, 53

O ij

C

Caldara, *surnommé* Caravage, (Polidore) *Peintre*, VI, 10
Calot, (Jacques) *Dessinateur & Graveur*, IV, 26

Camps.
  Devant Roses, VI, 62
  Sous Hailbron, 65

Camus, (Jean-Pierre) *Evêque de Belley*, IV, 57
Cantemir, (Antiochus) *Ambassadeur de Russie*, VIII, 42
Canut-le-Grand, *Roi de Dannemarck & d'Angleterre*, I, 48

Capucins.
  Henri de Joyeuse, *connu sous le nom du* Pere Ange, III, 53
  Le Pere Joseph, IV, 1
  Yves de Paris, VII, 37

Caravage. *Voyez* Caldara & Merigi.

Cardinaux.
  Pierre d'Ailly, II, 6
  François-Pierre de Foix, 22
  Jean la Ballue, 41
  Guillaume Brissonet, 65
  Georges d'Amboise, 71
  Odet de Coligny, III, 16
  Charles II, de Lorraine, 39
  Louis de Lorraine de Guise, 48
  Arnauld d'Ossat, 54
  Jacques Davy Duperron, 69
  Armand-Jean Duplessis Richelieu, 97
  Jules Mazarin, IV, 13
  Jean-François Paul de Gondi Retz, 46
  Emmanuel-Théodose de la Tour-d'Auvergne Bouillon, 84
  Louis-Antoine de Noailles, V, 36
  Charles de Lorraine, 78

Cardinaux.
  Louis de Nogaret de la Valette, VI, 21
  Pierre de Berulle, 22
  Guillaume Egon, *Prince de Furstemberg*, VII, 35
  Guillaume Dubois, VIII, 12
  Hercules de Fleury, 13
  Jules Alberoni, 24
  Ange-Marie Quirini, 26
  Melchior de Polignac, 46
  Armand-Gaston-Maximilien de Rohan, 48

Caribert *ou* Cherebert, *Roi de France*, I, 14
Carloman, *Roi de France*, I, 29
Carlos (D.) *ou* Charles, *Duc de Parme & de Plaisance, Roi de Sicile & d'Espagne*, VIII, 23
Carmelite. *Voyez* la Valliere.
Carondelet, (Jean de) *Chancelier de Bourgogne*, II, 64
Carrache, (Augustin) *Peintre*, VI, 17
Carrache, (Annibal) *Peintre*, 18
Carthagene, (Plan de la ville & rade de) VI, 69
Cassel, (Bataille de) VI, 47
Cassini, (Jean-Dominique) *Mathématicien*, VII, 55

Castille. (Rois de)
  Jean de Gand, *Duc de Lancastre*, quatrieme fils du Roi Edouard III, I, 97
  Henri IV, II, 34
  Philippe I, *Roi d'Espagne, Archiduc d'Autriche*, & II *dans l'ordre des Comtes de Hollande*, V, 73

Catherine Alexiewna, *Czarine de Moscovie*, VII, 32

TABLE.

Catherine de Bourbon, *Princeſſe de Navarre*, III, 63
Catinat, (Nicolas) *Maréchal de France*, V, 19
Chabannes, (Antoine de) *Comte de Dammartin*, II, 28
Chambray, (Jacques-François) *Commandeur de Malthe*, VIII, 11
Champagne, (Philippe de) *Peintre*, IV, 93
Champagne. (Comte de)
   Etienne, *Roi d'Angleterre*, I, 60

Chancelier de Suede.
   Axel Oxenſtiern, IV, 15

Chanceliers de France.
   Guillaume Juvenel des Urſins, II, 29
   Jean de Carondelet, *Chancelier de Bourgogne*, 64
   Michel de l'Hôpital, III, 3
   Pomponne de Bellievre, 33
   Nicolas Brulart de Sillery, 75
   Pierre Seguier, IV, 20
   Louis Boucherat, V, 11
   Henri-Franç. D'Agueſſeau, VIII, 15
   René Maupeou, 17

Chanoines.
   Pogge, *de Florence*, II, 30
   Michel le Maſle, *de l'Egliſe de Paris*, IV, 38
   Louis Legendre, *de l'Egliſe de Paris*, VIII, 53
   Jean le Beuf, *d'Auxerre*, 67
   Pierre-François le Courrayer, *Régulier*, 68

Chantal. *Voyez* Sévigné.

Charlemagne, *Roi de France & Empereur*, I, 23

Charles, *Rois d'Angleterre.*
   I, III, 92
   II, IV, 54
Charles-Edouard-Caſimir-Louis-Philippe-Sylveſtre, *dit* le Prétendant, *enſuite* le Prince Edouard, VIII, 36

Charles, *Empereurs.*
   I, *ou* Charlemagne, I, 23
   II, *ou* le Chauve, 26
   III, *ou* le Gras, I, 30
   IV, 98
   Quint, & Charles II, *dans l'ordre des Comtes de Hollande*, II, 81
   habillé ſelon le Coſtume, V, 80
   VI, VII, 24
   VII, VIII, 28
Charles II, *Roi d'Eſpagne*, IV, 83

Charles, *Rois de France.*
   I, *ou* Charlemagne, *Empereur*, I, 23
   II, *ou* le Chauve, 26
   III, *ou* le Gras, *Empereur*, 30
   IV, *dit* le Simple, 35
   IV, *dit* le Bel, 92
   V, *dit* le Sage, II, 1
   VI, 3
   VII, 19
   VIII, 57
   IX, III, 14
   habillé ſelon le Coſtume; 15
Charles-Fréderic III, *Roi de Pruſſe*, VIII, 33

Charles, *Rois de Sardaigne.*
   Charles-Emmanuel I, *ſurnommé* le Grand, *Duc de Savoye*, III, 45
   Charles-Emmanuel-Victor III, VIII, 27

Charles XII, *Roi de Suede*, VII, 29
Charles de France, *Duc de Berry*, & *depuis*, *Duc de Guyenne*, II, 38

TABLE.

Charles, *Duc de Bourbon, Connêt.* I, 78
Charles II, *Cardinal de Bourbon*, III, 39
Charles I, le Hardy, *ou* Téméraire, *Duc de Bourgogne*, II, 44
   dans son habit de Comte de Hollande, V, 71
  Second, *Comte de Hollande, & Quint parmi les Empereurs*, 80
Charles-Alexandre de Lorraine, *Gouverneur des Pays-Bas*, VIII, 31
Charles d'Anjou, *Comte du Maine*, II, 27
Charlier. *Voyez* Gerson.
Charretier, (Guillaume) *Evêque de Paris*, II, 31
Chastenet. *Voyez* Puységur.
Chastillon. *Voyez* Coligni.
Château-Neuf. *Voyez* Duclos.
Chatel, (Tanneguy du) *Vicomte de la Belliere*, II, 15
Chatillon, (Agathe de) *Femme célebre*, VI, 29
Chaulieu, (Guillaume Anfrye de) *Poëte*, VII, 70
Chereau, (François) *Graveur*, VIII, 92
Cherebert *ou* Caribert, *Roi de France*, I, 14
Chevaliers de Malthe.
  Jacques-François Chambray, *Commandeur*, VIII, 11
  René-Aubert de Vertot, *Chevalier, Historien*, 57
Chevreuse, (Marie de Rohan, Duchesse de) IV, 9
Childebert, *Rois de France.*
  I, I, 6
  II ou III, 11
Childeric, *Rois de France.*
  I, I, 4
  II, 8
  III, 21

Chilperic, *Rois de France.*
  I, I, 15
  II ou III, 19
Chirurgiens.
  Georges Maréchal, II, 18
  Ambroise Paré, 99
  Jean Pitard, VI, 1
  Guillaume le Vasseur, 4
  Jean-Louis Petit, 79
Choiseul, (César de) *Maréchal de France*, IV, 22
Christine, *Reine de Suéde*, IV, 18
Churchill, Duc de Marlborough, (Jean) *Guerrier Anglois*, IV, 100
Cinq-Mars, (Henri Coiffier, *dit* Ruzé, Marquis de) *Grand Ecuyer*, IV, 29
Claude, (Jean) *Calviniste*, V, 15
Cleves. (Duc de)
  Adolphe de Ravestein, II, 61
Clodion, *Roi de France*, I, 2
Clotaire, *Rois de France.*
  I, I, 13
  II, 16
  III, 7
Clovis, *Rois de France.*
  I, I, 5
  II, 18
  III, 10
Coffin, (Charles) *Principal du Collége de Beauvais, Poëte*, VIII, 64
Colbert, (Jean-Baptiste) *Contrôleur Général des Finances*, IV, 70
Colbert, (Charles-Joachim) *Evêque de Montpellier*, VIII, 45
Coligny, (Gaspard II) *Amiral*, II, 87
  habillé selon le Costume, III, 4
Coligny, (François) *Seigneur d'Andelot, Colonel Général d'Infanterie*, III, 5
Coligny, (Odet) *Cardinal*, III, 16

TABLE.

Colonel Général de la Cavalerie Légere.

Charles de Valois, *Duc d'Angoulême,* III, 77

Colonels Généraux d'Infanterie.

François de Coligny, III, 5
Timoléon de Coſſé, 27
Louis de Berton, *Seigneur de Crillon,* 57

Colonel Général des Suiſſes.

Nicolas de Harlay, *Seigneur de Sancy,* III, 55

Colonel des Bandes Françoiſes.

Honoré d'Albert, *Seigneur de Luynes,* III, 38

Colonel des Gardes Françoiſes.

François, Vicomte d'Aubuſſon, *Duc de la Feuillade,* IV, 73

Combats.

De Jarnac & de la Chataigneraye, V, 76
Leuze, VI, 55
Steinkerke, 60
Schellemberg, VII, 2
Voyez Batailles.

Commines, (Philippe de) *Hiſtorien,* II, 43

Comtes & Comteſſes.

Voyez Alais, Anjou, Artois, Aunoy, Blois, Boulogne, Bourg, Buquoi, Buſſy, Champagne, Derby, Dreux, Dunois, Forbin, Grignan, Halſbourg, Hainault, Harcourt, Hollande, la Fayette, la Marche, Leiceſter, Luxembourg, Mortain, Olonne, Poitou, Richemont, Saint-Paul, Saxe, Schomberg, Soiſſons, Teſſé, Touloufe, Vermandois.

Concino Concini, *Marquis d'Ancre,* III, 86
Eléonore Galigai, *ſa femme,* 87

Condé. (*Princes & Princeſſes de*)

Louis de Bourbon, I du nom, *connu ſous le nom de* Vendôme, II, 98
Henri de Bourbon, I du nom, III, 31
Henri, II, 81
Charlotte-Marguerite de Montmorenci, *ſon épouſe,* 82
Louis de Bourbon, II du nom, *dit* le Grand, IV, 40
Anne-Geneviéve de Bourbon, *Ducheſſe de Longueville, ſon épouſe,* 49

Condren, (Charles de) *Général de l'Oratoire,* IV, 14

Conférence du Cardinal de Lorraine & du Duc de Guiſe, avec Catherine de Médicis, III, 12

Connétables.

Louis de Luxembourg, *Comte de Saint-Paul,* II, 11
Jean II, *Duc de Bourbon,* 58
Charles, *Duc Bourbon,* 78
Anne de Montmorenci, 82
habillé ſelon le Coſtume, III, 1
Henri de Montmorenci, 30
François de Bonne, *Duc de Leſdiguieres,* III, 46
Charles Albert, *Duc de Luynes,* 100

Conrad, *Empereurs.*

I, I, 36
III, 62

Conſeillers d'Etat.

Guillaume Ribier, III, 94
François de la Motte le Vayer, IV, 89

Conſeillers au Parlement.

Nicolas-Cl. Fabri de Peireſc, IV, 30
Pierre de Brouſſel, 47
René Pucelle, V, 8

Conti, (François-Louis de Bourbon, Prince de) VI, 61
Contrôleurs Généraux des Finances. Voyez Surintendans.
Copernic, (Nicolas) *Astronome*, VI, 6
Corelli, (Archange) *Musicien*, VII, 91
Corneille, (Pierre) *Poëte Dramatique*, IV, 27
Corneille, (Thomas) *Poëte Dramatique*, VII, 68
Cornuel, (Anne Bigot) *Femme Savante*, VII, 72
Cospean ou Cospeau, (Philippe) *Evêque de Lisieux*, VI, 23
Cossé, (Artus de) Sieur de Gonnort, Maréchal de France, II, 97
  habillé selon le Costume, III, 6
Charles I, Comte de Brissac, Maréchal de France, II, 91
  habillé selon le Costume, V, 79

Cossé, Timoléon, Comte de Brissac, Colonel Général de l'Infanterie Françoise, III, 27
Charles II, Duc de Brissac, *Maréchal de France*, 58
Cotton, (Pierre) *Jésuite*, III, 79
Courayer, (Pierre-François le) *Chanoine Régulier*, VIII, 68
Courtanvaux. *Voyez* Louvois.
Coustou, (Nicolas) *Sculpteur*, VIII, 90
Coysevox, (Antoine) *Sculpteur*, VII, 85
Coytier, (Jacques) *Médecin*, II, 52
Crémone, (Plan de la Ville de) VI, 72
Crequy. *Voyez* Lesdiguieres.
Crillon, (Louis Berton) surnommé le Brave, *Colonel Général de l'Infanterie Françoise*, III, 57
Cromwel, (Olivier) *usurpateur d'Angleterre*, IV, 33
  Richard, VII, 27

D

Dacier, (André) *Savant*, VII, 59
Anne le Fevre, *son épouse*, *Femme Savante*, 60
Dagobert, *Rois de France*.
I, I, 17
II ou III, 12
Daillé, (Jean) *Calviniste*, IV, 86
Dammartin. (Comtes de) *Voyez* Chabannes.
Dannemarck. (Rois de) *Voyez* Canut.
Dannemarck. (Homme célebre de) Tycho Brahé, *Astronome*, III, 76
Dauphins & Dauphines.
Louis de France, *appellé* Monseigneur, fils de Louis XIV, IV, 99

Dauphins & Dauphines.
Louis, fils de Louis XV, VIII, 3
Marie-Thérèse-Antoinette-Raphael d'Espagne, *son épouse*, VIII, 4
Davy. *Voyez* Duperron.
D'Aguesseau, (Henri-François) *Chancelier*, VIII, 15
De Lagarde. *Voyez* Des Houlieres.
De Lalande, (Michel-Richard) *Musicien*, VII, 92
De Lavergne. *Voyez* la Fayette.
Dénain, (Plan des Retranchemens & du Camp de) VII, 17
Derby, (Comte de) Henri IV, *Roi d'Angleterre*, II, 7
Descartes, (René) *Philosophe*, IV, 51
Des Fontaines. *Voyez* Guyot.

TABLE.

Des Houlieres, (Antoinette du Ligier de la Garde) *Poëte*, V, 33
Desjardins, (Martin) *Sculpteur*, V, 34
Despréaux. *Voyez* Boileau.

Dessinateurs & Graveurs.

 Jacques Callot, IV, 26
 Venceslas Hollard, VII, 86
 Sébastien Leclerc, 89

Directeur de Communauté.

 Jean de la Noë Mesnard, VII, 43

Domat, (Jean) *Avocat*, VII, 49

Dominicains.

 Jérôme Savonarole, II, 67
 Barthelemi des Martyrs, III, 61
 Louis de Grenade, VI, 15
 Michel Lequien, VIII, 54

Dominiquin, (le) Dominique Zampieri, *Peintre*, IV, 34
Dreux, (Charles de Bourbon, Comte de) III, 52
Dreux, (Bataille de) III, 19, 20
Dubois, (Philippe Goibaud) *Savant*, V, 35
Dubois, (Guillaume) *Cardin.* VIII, 12
Dubosc, (Pierre) *Calviniste*, V, 29
Dubourg. *Voyez* Maine.
Duchange, (Gaspard) *Graveur*, VIII, 95
Duclos, (Marie Château-Neuf) *Actrice*, VII, 79

Ducs & Duchesses.

 Voyez Alençon, Angoulême, Autriche, Baviere, Beaufort, Bedfort, Berry, Bouillon, Bourbon, Bourgogne, Bretagne, Brissac, Broglie, Buckingham, Clèves, Cossé, Epernon, Fontanges, Glocester, Gontaut, Grammont, Gueldres, Guyenne, Guise, Hereford, la Meilleraye, Lancastre, la Rochefoucault, la Tremouille, la Valliere, Lesdiguieres, Longueville, Lorraine, Luxembourg, Luynes, Mazarin, Marlborough, Mayenne, Mercœur, Milan, Montmorenci, Montpensier, Noailles, Normandie, Northampton, Orléans, Parme, Richelieu, Rohan, Savoye, Saxe, Sully, Thouars, Valentinois, Vendôme, Villars, Villeroy, Yorck.

Dudley, (Robert) *Comte de Leicester*, V, 83
Dufrésnoy. *Voyez* Lenglet.
Duguay-Trouin, (René) *Lieutenant Général des Armées Navales*, VII, 16
Duguet, (Jacques-Joseph) *Prêtre de l'Oratoire*, VIII, 55
Du Ligier. *Voyez* Des Houlieres.
Dumoulin, (Charles) *Avocat*, III, 26
Dunes, (Bataille des) près Dunkerque, VI, 40
Dunois, (Jean d'Orléans, Comte de) II, 24
Duperron, (Jacques Davy) *Cardinal*, III, 69
Duplessis. *Voyez* Richelieu.
Duplessis-Marly. *Voyez* Mornay.
Duquesne, (Abraham, *Marquis*) *Lieutenant Général des Armées Navales*, IV, 95
Duvair, (Guillaume) *Garde des Sceaux, & Evêque de Lisieux*, III, 67

Tome VIII.   P

E

Ecclésiastiques.

    Voyez Archevêques, Brantôme, Chanoines, Cardinaux, Directeur de Séminaires, Languet, Papes, Prédicateur.

Ecosse. (Rois d')
Marie Stuart,	III,	8
Jacques,	VI,	44

Ecuyer.
François Robichon de la Gueriniere,	VIII,	84

Edelinck, (Gérard) *Graveur*, VII, 88

Edouard, *Rois d'Angleterre.*
I,	I,	81
II,		86
III,		93
IV,	II,	33
V,		59
VI,		95
Le Noir, Prince de Galles,	I,	95
Charles-Edouard-Casimir, *le Prétendant*,	VIII,	36

Egbert, *Roi d'Angleterre,*	I,	24
Egmont, (Adolphe d') *Duc de Gueldres,*	II,	46
Elisabeth, *Reine d'Angleterre,*	III,	13

Empereurs.
Charlemagne,	I,	23
Louis I *ou* le Débonnaire,		27
Lothaire,		41
Louis II,		25
Charles II *ou* le Chauve,		26
Louis III *ou* le Begue,		28
Carloman,		29
Charles III *ou* le Gras,		30
Arnould,		32
Louis IV *ou* le Jeune,		34

Empereurs.
Conrad I,	I,	36
Henri I *ou* l'Oiseleur,		38
Othon I,		40
Othon II,		42
Othon III,		45
Henri II,		47
Henri III,		52
Henri IV,		55
Henri V,		59
Conrad,	III,	62
Fréderic I, *dit* Barberousse,		63
Henri VI,		70
Philippe I,		72
Othon IV,		71
Fréderic,	II,	75
Guillaume II, *Comte de Hol.*	V,	58
Rodolphe I, *Comte de Habsbourg,*		82
Adolphe, *Comte de Nassau,*		84
Albert I, d'Autriche,		85
Henri VII, *Comte de Luxembourg,*		87
Louis V, *Duc de Baviere,*		89
Fréderic III,		90
Charles IV, *Comte de Luxembourg,*		98
Edouard III, *Roi d'Angleterre,*		93
Venceslas,	II,	4
Rupert *ou* Robert,		8
Sigismond,		13
Albert II,		25
Fréderic IV,		26
Maximilien I,		50
habillé selon le costume,	V,	82
Charles-Quint, & Second, *dans l'ordre des Comtes de Hollande,*	II, 81, V,	80
Ferdinand I,	II,	85
Maximilien II,	VI,	81
Rodolphe II,		34
Mathias,		42

TABLE.

Empereurs.
Ferdinand II, III, 88
Ferdinand III, IV, 10
Léopold, 62
Joseph I, VI, 77
Charles VI, VII, 24
Charles VII, VIII, 28
François I, 29
Marie-Thérèse d'Autriche, 30

Empire. (Hommes célebres de l')
Jean Tzerclaes, *Comte de Tilly, Général des Troupes*, IV, 4
Raymond de Monteçuculi, *Généralissime*, 74
François-Eugène, *Prince de Savoye, Généralissime*, V, 27
Jean Guttemberg, *Imprimeur*, II, 35
Jean Fuste, *Imprimeur*, 36
Guillaume Godefroy, Baron de Leibnitz, *Mathématicien*, VII, 57

Ensheim. (Bataille d') VI, 45
Entragues. *Voyez* Verneuil.
Epernon. *Voyez* la Valette.
Erasme, (Didier) *Savant Hollandois*, V, 75
Ernest, (Ferdinand III, *surnommé*) *Empereur*, IV, 10

Espagne. (Homme célebre d')
Jules Alberoni, *Cardinal*, VIII, 24
Espagne. (Rois d')
Charles-Quint, *dans l'ordre des Empereurs*, Second, *parmi les Comtes de Hollande*, Premier, *parmi les Rois d'Espagne*, II, 81, V, 80
Philippe II, III, 2
Philippe III, ou IV *dans l'ordre des Comtes de Hollande*, V, 92
Philippe IV, ou V *dans l'ordre des Comtes de Hollande*, 95
Charles II, IV, 83
Philippe V, VI, 75
Don Carlos ou Charles III, *Roi des deux Siciles*, VIII, 23
Essés. (Seigneur d') André de Montalembert, II, 90
Estrées, (Gabrielle d') *Duchesse de Beaufort*, III, 62
Étienne de Blois, *Roi d'Angleterre*, I, 60
Eudes, *Roi de France*, I, 31
Eudes de Mezeray, (François) *Historiographe de France*, V, 6
Evêques. *Voyez* Archevêques.
Eugène, (François de Savoye, Prince) *Comte de Soissons, Généralissime de l'Empereur*, V, 27

F

FABRI. *Voyez* Peiresc.
Fagon, (Guy-Crescent) *premier Médecin*, VII, 47
Farnèse, (Alexandre) *Duc de Parme*, III, 22
Faust ou Fuste, *Imprimeur*, II, 36

Femmes célebres.
Gabrielle d'Estrées, III, 62
Catherine-Henriette de Balzac d'Entragues, *Marquise de Verneuil*, III, 73

Femmes célebres.
Charlotte-Marguerite de Montmorenci, III, 82
Eléonore Galigaï, *femme du Maréchal d'Ancre*, III, 87
Marie de Rohan, *Duchesse de Chevreuse*, IV, 9
Anne-Geneviève de Bourbon Condé, *Duchesse de Longueville*, IV, 49
Catherine-Henriette d'Angennes, *Comtesse d'Olonne*, IV, 52

Femmes célebres.

Anne-Marie-Louife d'Orléans, Du-
cheffe de Montpenfier, IV, 56
Louife-Françoife de la Baume-le-Blanc,
Ducheffe de la Valliere, 66
Henriette-Anne d'Angleterre, *époufe
du Duc d'Orléans,* 68
Hortenfe de Mancini, *Ducheffe de
Mazarin,* 69
Françoife-Athenaïs de Rochechouart,
Marquife de Montefpan, 78
Françoife d'Aubigné, *Marquife de
Maintenon,* V, 2
Marie-Angélique de Scoraille de Rouf-
fille, *Ducheffe de Fontanges,* 3
Agathe de Châtillon, VI, 29
Anne de Ninon de Lenclos, VII, 76
Jeanne-Marie de Bouvieres de la Mo-
the-Guyon, 78

Voyez Reines, Fondateurs d'Ordres.

Femmes favantes.

Anne de la Vigne, V, 10
Marie-Magdeleine Pioche de la Vergne,
Comteffe de la Fayette, 32
Antoinette du Ligier de la Garde des
Houlieres, 33
Anne le Fevre Dacier, VII, 60
Anne-Marie de Schurman, 71
Anne Bigot Cornuel, 72
Marie Rabutin, Dame de Chantal,
Marquife de Sévigné, 73
Magdeleine de Scudery, 74
Françoife-Marguerite de Sévigné,
Comteffe de Grignan, 75
Marie-Catherine Jumelle de Berne-
ville, *Comteffe d'Aunoy,* 77

Fénelon, (François de Salignac de la
Mothe) *Archevêque de Cambray,*
V, 21

Ferdinand, *Empereurs.*
I, II, 85
II, III, 88
III, *furnommé* Erneft, IV, 10

Fernandès, *dit des Martyrs,* (Barthe-
lemi) *Dominicain,* III, 61
Flechier, (Efprit) *Evêque de Nifmes,*
V, 16
Fleurus, (plan de la Bataille de) VI, 53
Fleury, (André-Hercules) *Cardinal,*
VIII, 13
Fleury, (Claude) *Hiftorien,* V, 20

Florent, *Comtes de Hollande.*
I, V, 46
Gertrude, *fon époufe,* 48
II, 51
III, 53
IV, 57
V, 59

Foix, (François-Pierre de) *Cardinal,*
II, 22

Fondateurs d'Ordres Religieux.

Saint-François de Paule, *Minimes,*
II, 56
Armand-Jean Bouthillier de Rancé,
la Trappe, IV, 75
Pierre de Berulle, *Oratoire,* VI, 22
Saint-François de Salles, *Vifitation,* 25
Vincent de Paul, *Miffions,* 26
Louife Marillac, veuve le Gras, *Sœurs
de la Charité,* 27
Marie Bonneau, Dame de Miramion,
Miramionnes, VII, 39

Fontana, (Dominique) *Archit.* III, 80
Fontanges, (Marie-Angélique de Scoraille de Rouffille, *Ducheffe de*) V, 3
Fontenelle (Bernard Bouvier, *ou le Bouvier de*) *Savant, de l'Académie Françoife,* VIII, 72

TABLE.

Forbin, (Claude, Comte de) *Chef d'Escadre des Armées Navales*, VII, 20
Fouquet, (Nicolas) *Marquis de Belle-Isle, Surintendant des Finances*, IV, 59

France, (Rois de)
  Pharamond, I, 1
  Clodion, 2
  Merouée, 3
  Childeric I, 4
  Clovis I, 5
  Childebert I, 6
  Clotaire I, 13
  Caribert *ou* Cherebert, 14
  Chilperic I, 15
  Clotaire II, 16
  Dagobert I, 17
  Clovis II, 18
  Clotaire III, 7
  Childeric II, 8
  Thierry I, *ou* II, *ou* III, 9
  Clovis III, 10
  Childebert II *ou* III, 11
  Dagobert II *ou* III, 12
  Chilperic II *ou* III, 19
  Thierry II *ou* IV, 20
  Childeric III, 21
  Pepin, 22
  Charlemagne, 23
  Louis I, le Débonnaire, 27
  Charles II *ou* le Chauve, 26
  Louis II, *dit* le Begue, 28
  Louis III & Carloman, 29
  Charles III, *dit* le Gras, 30
  Eudes, 31
  Charles IV, *dit* le Simple, 35
  Raoul, 37
  Louis IV, d'Outremer, 39
  Lothaire, 41
  Louis V, 43
  Hugues Capet, 44
  Robert, 46

France, (Rois de)
  Henri I, I, 51
  Philippe I, 54
  Louis VI, *dit* le Gros, 58
  Louis VII, *dit* le Jeune, 61
  Philippe II, *dit* Auguste, 68
  Louis VIII, 77
  Louis IX, 78
  Philippe III, *dit* le Hardi, 80
  Philippe IV, *dit* le Bel, 83
  Louis X, *dit* le Hutin, 88
  Philippe V, *dit* le Long, 91
  Charles IV, *dit* le Bel, 92
  Philippe VI, *dit* de Valois, 94
  Jean, 96
  Charles V, *dit* le Sage, II, 1
  Charles VI, 3
  Charles VII, 19
  Louis XI, 37
    assemblé avec ses Princes, 40
  Charles VIII, 57
  Louis XII, 70
  François I, 77
  Henri II, 94
  François II, III, 9
    habillé selon le costume, 10
  Charles IX, 14
    habillé selon le costume, 15
  Henri III, 37
  Henri IV, 60
    son massacre par Ravaillac, 83
  Louis XIII, 84
  Louis XIV, IV, 39
    en habit Militaire, VI, 36
  Louis XV, VIII, 1
  Louis XVI, VI, *Frontispice.*

France, (Reines de)
  Anne de Bretagne, II, 63
  Catherine de Médicis, 84
    habillée selon le costume, III, 11
  Marie Stuart, 8

France, (Reines de)
  Marguerite de Valois,   III, 32
  Marie de Médicis,   74
  Anne d'Autriche,   96
  Marie-Charlotte-Sophie-Félicité Leczinska,   VIII, 2
  Marie-Antoinette-Josephe-Jeanne de Lorraine,   VI, *Frontispice.*
France. Voyez Hommes Illustres.
François I, *Empereur*, (François-Etienne de Lorraine)   VIII, 29
François, (*Rois de France*)
  I,   II, 77
  II,   III, 9
    habillé selon le costume,   10
François de France, *Duc d'Alenç.* III, 36
François II, *Duc de Bretagne*,   II, 32
François de Paule, (S.) *Fondateur de l'Ordre des Minimes*, II, 56
François de Salles, (S.) *Evêque de Genève & Fondateur de l'Ordre de la Visitation*,   VI, 25
Fredelingue, (Plan de la bataille de)   VI, 78

Fréderic, *Empereurs.*
  I, *dit* Barberousse,   I, 63
  II,   75
  III,   90
  IV,   II, 26
Fréderic-Auguste I, *Roi de Pologne*,   VII, 30
Fréderic-Guillaume I, *Roi de Prusse*,   VII, 25
Frescobaldi, (Jérôme) *Organiste*,   VI, 34
Fribourg, (Plan du siege de) VII, 19
Frise, (Guillaume-Louis de Nassau, Stadhouder de)   V, 91
Frison, (Guillaume-Charles-Henri) Stadhouder de Hollande, VIII, 43
Fromentieres, (Jean-Louis de) *Evêque d'Aire*,   V, 9
Froulay. *Voyez* Tessé.
Furstemberg, (Guillaume Egon, Prince de) *Cardinal*,   VII, 35
Fuste *ou* Faust, (Jean) *Imprimeur*, II, 36

G

GALIGAÏ, (Eléonore) *femme du Maréchal d'Ancre*,   III, 87
Galles, (Princes de)
  Edouard le Noir,   I, 95
  Richard II,   II, 2
Garde du Cabinet des Médailles.
  Claude Gros de Boze,   VIII, 65
Garde des Sceaux.
  Guillaume Duvair,   III, 67
  Matthieu Molé,   99
  Voyer de Paulmy, *Marquis d'Argenson*,   VIII, 16
  Voyez Magistrats.

Gassendi, (Pierre) *Mathémat.* IV, 63
Gassion, (Jean de) *Maréch. de Fr.* IV, 16
Gaston, (Jean-Baptiste) de France, *Duc d'Orléans*,   IV, 3
Généraux des Galeres.
  René de Froulay, *Comte de Tessé*,   IV, 98
  Voyez Guerriers.
Général des Troupes de l'Empire.
  Voyez Empire.
Généralissime des Troupes de France & d'Espagne.
  Louis-Joseph, *Duc de Vendôme*, V, 31
  Voyez Guerriers.

TABLE.

Georges, *Rois d'Angleterre.*
  Georges-Louis de Brunſwick Hano-
    vre I, VII, 28
  Georges-Auguſte de Brunſwick Hano-
    vre II, VIII, 34

Gênes, (Plan des attaques de la Ville de)
  VI, 48
Gerſon, (Jean le Charlier) *Chancelier de
  l'Univerſité*, II, 9
Gertrude, *veuve de Florent I, Comte de
  Hollande*, V, 48
Gibert, (Balthaſar) *Savant, Profeſſeur
  d'Eloquence*, VIII, 60
Gié. *Voyez* Rohan.
Girardon, (François) *Sculpteur*, VII, 84
Gironne, (Plan de) attaquée en 1694,
  VI, 68
  rendue en 1711, VII, 14
Gloceſter, (Richard III, *Roi d'Angle-
  terre*, Duc de) II, 60
Godefroy, (Denis) *Avocat*, IV, 6
Godefroy de Lorraine, *uſurpateur de Hol-
  lande*, V, 50
Goibaud. *Voyez* Dubois.
Goltzius, (Henri) *Graveur & Peintre*,
  VI, 31
Gondi, (Jean-François de) *Archevêque
  de Paris*, IV, 8
Gondi, (Jean-François-Paul de) *Cardinal
  de Retz*, IV, 46
Gonnort, (Artus de Coſſé, *Sieur de*)
  II, 97
Gontaut, (Armand de) *Seigneur & Ba-
  ron de Biron, Maréchal de France*,
  III, 29
Gontaut, (Charles) *Duc de Biron, Ami-
  ral & Maréchal de France*, III, 68

Gouverneurs de Provinces.
  Romée de Villeneuve, *Provence*, I, 79
  Philippe de Mornay, *Saumur*, III, 70

Gouverneurs de Provinces.
  Bernard de la Valette de Nogaret, *Duc
    d'Epernon, Guyenne*, IV, 41
  Charles-Alexandre de Lorraine, *Pays-
    Bas*, VIII, 31

Goyon. *Voyez* Matignon.
Grammont, (Antoine III, Duc de) *Maréchal de France*, IV, 50

Grands Ecuyers.
  Henri de Lorraine, *Comte d'Harcourt*,
    IV, 15
  Henri Coiffier, *dit* Ruzé, *Marquis de
    Cinq-Mars*, IV, 29

Grand Maître de France.
  Charles de Bourbon, *Comte de Soiſ-
    ſons*, III, 52

Graveurs.
  Jean Varin, IV, 88
  Gérard Audran, VII, 87
  Gérard Edelinck, 88
  Benoît Audran, 90
  Charles Simonneau, VIII, 91
  François Chereau, 92
  Bernard Picart, 93
  Nicolas-Henri Tardieu, 94
  Gaſpard Duchange, 95

Graveurs & Peintres.
  Claude Mellan, V, 17
  Lucas de Leyde, VI, 8
  Balthaſar Peruzzi, 9
  Henri Goltzius, 31

Gray, (Jeanne) *ou* de Suffolk, *Reine
  d'Angleterre*, II, 100
Grécourt, (Jean-Baptiſte-Joſeph Willart,
  Abbé de) *Poëte*, VIII, 71
Grégoire XII, *Pape*, II, 10
Grenade, (Louis) *Dominicain*, VI, 15
Grignan. *Voyez* Sévigné.

Grillié, (Nicolas) *Evêque d'Uzès*, VI, 24
Groningue, (Guillaume-Louis Naſſau, *Stadhouder de*) V, 91

Gueldres, (Ducs de)
Arnould, II, 45
Adolphe d'Egmont, 46

Guerchin, (François Barbieri, *ſurnommé le*) *Peintre*, IV, 81

Guerriers.
Tanneguy du Châtel, II, 15
Antoine de Chabannes, *Comte de Dammartin*, II, 28
Pierre Bayard, 72
André de Montalembert, 90
Alexandre Farnèſe, *Duc de Parme*, III, 22
Henri, Duc de Guiſe, *ſurnommé le Balafré*, III, 24
Honoré Albert, *Seigneur de Luynes*, III, 38
Claude de la Trémouille, 41
Philippe-Emmanuel de Lorraine, *Duc de Mercœur*, III, 50
Henri de Bourbon, *Duc de Montpenſier*, III, 66
Bernard Weimar, *Duc de Saxe*, IV, 17
Louis-Emmanuel de Valois, *Comte d'Alais*, IV, 19
François de Vendôme, *Duc de Beaufort*, IV, 28
Jean Churchill, *Duc de Marlborough*, IV, 100
Jean Nordwyck Vanderdoes, V, 89
Charles de Longueval, *Comte de Buquoy*, VI, 20
Georges de Villiers, *Duc de Buckingham*, III, 98
Maurice, *Comte de Saxe*, VIII, 9

Guerriers.
Voyez Amiraux, Batailles célebres, Colonels Généraux, Connétables, Général des Galeres, Général des Troupes de l'Empire, Général des Troupes de France, Gouverneurs de Provinces, Grands Ecuyers, Grands Maîtres de France, Lieutenans Généraux, Lieutenans Généraux des Armées Navales, Maréchal Général des Camps, Maréchaux de France.

Guyenne, (Ducs de)
Henri II, *Roi d'Angleterre*, I, 64
Jean Sanſterre, *Roi d'Angleterre*, 73
Henri III, *Roi d'Angleterre*, 76
Edouard le Noir, 95
Charles de France, II, 38

Guignon, (Jean-Pierre) *Muſicien*, VIII, 98

Guillaume, *Rois d'Angleterre.*
I, *dit le Conquérant*, I, 53
II, *dit le Roux*, 56
III, de Naſſau, *Prince d'Orange*, VI, 58

Guillaume, *Comtes de Hollande.*
I, V, 56
II, 58
III, 62
IV, 63
V, 65
VI, Comte de Hainaut, 68

Guiſe, (Ducs de)
François de Lorraine, II, 88
Conférence du Duc avec Catherine de Médicis, III, 12
Henri *le Balafré*, 24
Louis de Lorraine, *Cardinal*, 48

Guſtave Adolphe, *Roi de Suede*, III, 89
Guttemberg, (Jean) *Imprimeur*, II, 35
Guyon,

Guyon, (Jeanne-Marie Bouviere de la Motte) *Femme célebre*, VII, 78

Guyot Desfontaines, (Pierre-François) *Abbé, Savant Critique*, VIII, 63

H

Habsbourg, (Rodolphe I, Comte de) V, 82
Hailbron, (Campement de l'armée de l'Empereur fous) VI, 65

Hainaut. (Comtes de)
  Jean II, *Comte de Hollande*, V, 61
  Guillaume VI, *Comte de Hollande*, 68

Hamilton, (Antoine) *Savant*, VII, 58
Happertz. *Voyez* Tromp.
Harcourt, (Henri de Lorraine, Comte d') IV, 5
Harcourt, (Henri, Duc d') *Maréchal de France*, V, 25
Harlay. *Voyez* Sancy.
Hayneuve, (Julien) *Jésuite*, VII, 36

Henri, *Rois d'Angleterre.*
  I, I, 57
  II, 64
  III, 76
  IV, II, 7
  V, 12
  VI, 21
  VII, 62
  VIII, 76

Henri IV, *Roi de Castille*, II, 34

Henri, *Empereurs.*
  I, *dit* l'Oiseleur, I, 38
  II, 47
  III, 52
  IV, 55
  V, 59
  VI, 70
  VII, 87

Henri, *Rois de France.*
  I, I, 51
  II, II, 94
  III, III, 37
  IV, *dit* le Grand, 60
  son massacre, III, 83

Henriette-Anne d'Angleterre, épouse du Duc d'Orléans, frere unique de Louis XIV, *appellé* Monsieur, IV, 68
Hérault, (René) *Lieutenant de Police*, VIII, 18
Hereford, (Henri IV, *Roi d'Angleterre*, Duc d') II, 7

Hérésiarques.
  Martin Luther, II, 80
  Théodore de Beze, 89
  Jacques Bongars, III, 90
  Jean Daillé, IV, 86
  Benoît Spinosa, 97
  Jean Claude, V, 15
  Pierre Duboscq, 29
  Didier Erasme, 75

Historiens. 75
  Philippe de Commines, II, 43
  Pierre Bourdeille, Abbé de Brantôme, III, 95
  François Eudes de Mezeray, V, 6
  Claude Fleury, 20
  Nicolas Machiavel, *Italien*, VI, 5
  Louis-Sébastien le Nain de Tillemont, VII, 40
  Paul Rapin de Thoyras, *Anglois*, 63
  Matthieu Tindall, *Anglois*, 64
  René Aubert de Vertot, VIII, 57

TABLE.

Hochstet, (Plan de la bataille d') VII, 3
Holbein, *dit* le Jeune (Jean) *Peintre*, VI, 12

Hollande. (Comtes & Comtesses de)
   Théodoric I, V, 41
   Théodoric II, 42
   Arnoud, 43
   Théodoric III, 44
   Théodoric IV, 45
   Florent I, 46
   Gertrude, *son épouse*, 48
   Théodoric V, 47
   Robert le Frison, 49
   Godefroi de Lorraine, *usurpateur*, 50
   Florent II, 51
   Théodoric VI, 52
   Florent III, 53
   Théodoric VII, 54
   Ada, 55
   Guillaume I, 56
   Florent IV, 57
   Guillaume II, 58
   Florent V, 59
   Jean I, 60
   Jean II, 61
   Guillaume III, 62
   Guillaume IV, 63
   Marguerite de Brabant, 64
   Guillaume V, 65
   Albert de Baviere, 66
   Jean de Baviere, *Evêque de Liege*, *usurpateur*, 67
   Guillaume VI, 68
   Jacqueline, 69
   Charles I, le Hardi, Duc de Bourgogne, II, 44
    dans son habit de Comte de Hollande, V, 71
   Philippe II, Archiduc d'Autriche, Roi de Castille, V, 73
   Charles II, *ou* V *parmi les Empereurs*, 80

Hollande. (Comtes d')
   Maximilien I, V, 82
   Philippe III, *ou* II *parmi les Rois d'Espagne*, III, 2
   Philippe IV *ou* III, *d'Espagne*, V, 92
   Philippe V *ou* IV, *d'Espagne*, 95

Hollande. (Stadhouders de)
   Guillaume I, Comte de Nassau, V, 81
   Maurice, 90
   Henri Fréderic, 96
   Guillaume II, Comte de Nassau, 98
   Guillaume Henri, *ou* III, *Roi d'Angleterre*, VI, 58
   Guillaume - Charles - Henri Frison, VIII, 43
   Guillaume-Louis de Nassau, cousin de Maurice, Stadhouder de Frise & de Groningue, V, 91

Hollande. (Hommes célebres de)
   Martin Tromp, *Amiral*, IV, 31
   Louis Boisot, *Amiral*, V, 87
   Aert Vandergoes, *Avocat*, 74
   Adrien Vandergoes, *Avocat*, 84
   Paul Buis, *Avocat*, 85
   Philippe Marnix, Sieur de Sainte-Aldegonde, *Avocat*, V, 86
   Jean Nordwyck Vanderdoes, 89
   Jean Maurice, Comte de Nassau, *Général de la Cavalerie*, V, 99
   Jean Olden Barneveldt, *Grand Pensionnaire*, V, 93
   Adrien Pauw, *Grand Pensionnaire*, 97
   Corneille Aersens, *Greffier des Etats*, V, 94
   Viglius de Zuichem, *Président du Conseil des Pays-Bas*, V, 77
   Didier Erasme, *Savant*, 75
   Robert Dudlei, Comte de Leicester, V, 83
   Pierre Musschembroek, VIII, 83

Hollard, (Venceflas) *Deffinateur & Graveur*, VII, 68

Hongrie. (Rois & Reines de)
Sigifmond, *Empereur*, II, 13
Albert II, *Empereur*, 25
Marie-Thérèfe, *époufe de* François I, *Empereur*, VIII, 30

(*Hommes Illuftres.*)
Voyez Acteurs & Actrices, Ambaffadeurs, Angleterre, Artiftes, Bouffons, Chevaliers de Malthe, Comtes & Comteffes, Ducs & Ducheffes, Eccléfiaftiques, Empire, Guerriers, Hollande, Imprimeurs, Italie, Magiftrats, Marquis & Marquifes, Miniftres d'Etat, Princes & Princeffes, Pruffe, Rois & Reines, Ruffie, Savans, Secrétaires d'Etat, Suéde, Suiffes, Vicomtes.

Hugues Capet, *Roi de France*, I, 44

J

JACQUELINE, *Comteffe de Hollande*. V, 69

Jacques, *Rois d'Angleterre*.
I, III, 44
II, IV, 55
III, & VI *parmi les Rois d'Ecoffe*, (François Edouard) VIII, 35

Jacques VI, *Roi d'Ecoffe, & appellé* Jacques I, *depuis fon avénement à la Couronne d'Angleterre*, III, 44

Jarnac, fon combat avec de la Chataigneraie, V, 76

Jean Sanfterre, *Roi d'Angleterre*, I, 73

Jean, *Roi de France*, 96

Jean, *Comtes de Hollande*.
I, V, 60
II, d'Avefnes, *Comte de Hainault*, 61

Jean de Baviere, *Evêque de Liege, ufurpateur de Hollande*, V, 67

Jean, *Duc de Bedfort*, fils d'Henri IV, *Roi d'Angleterre*, II, 17

Jean II, *Duc de Bourbon, Connétable*, II, 58

Jean de Gand, *Duc de Lancaftre*, quatrieme fils d'Edouard III, I, 97

Jeannin, (Pierre) *Contrôleur des Finances*, III, 65

Jéfuites.
Pierre Cotton, III, 79
Denis Petau, IV, 58
François de la Chaize, V, 5
Louis Maimbourg, 12
Julien Hayneuve, VII, 36
Noel-Etienne Sanadon, VIII, 56

Imprimeurs.
Jean Guttemberg, II, 35
Jean Fuft *ou* Faufte, 36

Jofeph I, *Empereur*, VI, 77
Jofeph, (le P.) *Capucin*, IV, 1
Joyeufe, (Anne de) *Amiral*, III, 17
Joyeufe, (Henri de) *Maréchal de France*, Pere Ange, *Capucin*, III, 53

Italie. (Rois d')
Lambert, *ufurpateur*, I, 49
Berenger, *ufurpateur*, 50
René d'Anjou, *Roi de Naples & de Sicile*, II, 23
Charles, *ou* D. Carlos, *Roi d'Efpagne*, & avant, *de Naples & de Sicile*, VIII, 23

Italie. (Hommes célebres d')
Thomafo Aniello, *ou* Mazaniel, IV, 45
Pierre Aretin, *Poëte fatyrique*, VI, 11

Italie. (Hommes célebres d')
  Pogge, *Historien de Florence*, II, 30
  Nicolas Machiavel, *Historien*, VI, 5
  Jean-Baptiste Marini, IV, 11
Jules II, *Pape*, II, 74

Jumelle. *Voyez* Aunoi.
Jurisconsultes célebres.
  Voyez Magistrats.
Iwanowna, (Anne) *Czarine de Moscovie*, VIII, 38

K

KEYSERSWERT, (Plan de la Ville de) VI, 73

L

LA BALLUE. *Voyez* Balue.
La Baume le Blanc. *Voyez* la Valliere.
La Belliere, (Tanneguy du Chastel, Vicomte de) II, 15
La Boissiere, (Joseph de la Fontaine Solare de) *Prédicateur*, VIII, 52
La Bruyere, (Jean de) *Moraliste*, VII, 48
La Chaise, (François) *Jésuite*, V, 5
La Chataigneraie, (son combat avec Jarnac) V, 76
La Fayette, (Marie-Magdeleine Pioche de la Vergne, Comtesse de) V, 32
La Feuillade, (François, Vicomte d'Aubusson, Duc de) *Maréchal de France, & Colonel des Gardes Françoises*, IV, 73
La Fontaine, (Jean de) *Poëte*, V, 38
La Fosse, (Charles de) *Peintre*, VII, 82
La Gueriniere, (François Robichon de) *Ecuyer*, VIII, 84
La Jousseliniere. *Voyez* Boudier.
Lallouette, (Jean-François) *Musicien*, VII, 93
La Marche, (Olivier de) *Ambassadeur*, II, 39
La Marche, (Edouard VII ou IV, *Roi d'Angleterre*, Comte de) II, 33
Lambert, *Roi d'Italie, usurpateur*, I, 49

La Meilleraye, (Charles de la Porte, II du nom, Duc de) *Maréchal de France*, IV, 23
La Moignon, Marquis de Basville, (Guillaume de) *Premier Président*, IV, 64
La Motte. *Voyez* Fenelon, Guyon, le Vayer.
La Motte, (Antoine Houdar de) *Savant, de l'Académie Françoise*, VIII, 69

Lancastre. (Ducs de)
  Jean de Gand, quatrieme fils d'Edouard III, *Roi d'Angleterre*, I, 97
  Henri IV, *Roi d'Angleterre*, II, 7

Landau, (Plan de) VI, 76
Landau, (Siége de) VII, 18
Lanfranc, *Médecin*, VI, 2
Lanfranc, (Jean) *Peintre*, 32
Languet, (Jean-Joseph) *Archevêque de Sens*, VIII, 50
Languet, (Jean-Baptiste-Joseph) *Curé de S. Sulpice*, 51
La Noë. *Voyez* Mesnard.
La Porte. *Voyez* la Meilleraye.
Largilliere, (Nicolas) *Peintre*, VIII, 88
La Rochefoucauld, (François VI, Duc de) Prince de Marsillac, *Moraliste*, IV, 42

TABLE.

La Tremoille ou Tremouille, (Claude de) Duc de Thouars, Prince de Talmont, III, 41

La Valette, (Bernard de Nogaret) Duc d'Epernon, *Gouverneur de Guyenne*, IV, 41

La Valette, (Jean-Louis) *dit* Nogaret, Duc d'Epernon, III, 47

La Valette, Louis de Nogaret, *Cardinal*, VI, 21

La Valliere, (Louise-Françoise de la Baume le Blanc, Duchesse de) *Carmelite*, IV, 66

La Vigne, (Anne de) *Femme Savante*, V, 10

Law, (Jean) *Contrôleur Général*, VIII, 14

Le Beuf, (Jean) *Chanoine d'Auxerre*, VIII, 67

Le Brun, (Charles) *Peintre*, V, 23

Le Clerc du Tremblay, (François) célebre sous le nom du Pere Joseph, *Capucin*, IV, 1

Le Clerc, (Sébastien) *Dessinateur & Graveur*, VII, 89

Le Couvreur, (Adrienne) *Actrice*, VIII, 100

Leczinski, (Stanislas) *Roi de Pologne*, VIII, 37

Leczinski, (Marie-Charlotte-Sophie-Félicité) *Reine de France*, épouse de Louis XV, VIII, 2

Le Fevre. *Voyez* Dacier.

Le Fort, (François) *Premier Ministre de Pierre I, Czar de Moscovie*, VII, 33

Le Gendre, (Louis) *Chanoine de l'Eglise de Paris*, VIII, 53

Le Gras, (Louise Marillac, veuve) *premiere Supérieure des Sœurs de la Charité*, VI, 27

L'Hôpital, (Michel de) *Chancel.* III, 3

Leibnitz, (Guillaume Godefroy, Baron de) *Mathématicien*, VII, 57

Leicester, (Robert Dudlei, *Comte de*) V, 83

Le Masle, (Michel) *Chanoine de l'Eglise de Paris*, IV, 38

Le Nain. *Voyez* Tillemont.

Lenclos. *Voyez* Ninon.

Lenglet du Fresnoy, (Nicolas) *Abbé, Savant*, VIII, 66

Le Noble, (Eustache) *Savant*, VII, 54

Léopold I, *Empereur*, IV, 62

Léopold d'Anhalt Dessaw, *Généralissime des Armées du Roi de Prusse*, VIII, 32

Le Prestre. *Voyez* Vauban.

Le Quien, (Michel) *Dominic.* VIII, 54

Lerida, (Plan du Siege de) VII, 9

Lesdiguieres, (François de Bonne, Duc de) *Connétable*, III, 46

Lesdiguieres, (Charles I, Sire de Créqui, Prince de Poix, Duc de) *Maréchal de France*, III, 72

Le Tellier. *Voyez* Louvois.

Le Vasseur, (Guillaume) *Chirurgien*, VI, 4

Le Vayer, (François de la Mothe) *Conseiller d'Etat*, IV, 89

Lewemberg, (Nicolas) *Chef des rebelles des Cantons Suisses*, IV, 60

Leuze, (Combat de) VI, 55

Leyde, (Siege de) V, 88

Lieutenant Civil.

Jérôme d'Argouges, VIII, 19

Lieutenans Généraux.

François de Lorraine, Duc de Guise, II, 88

André de Montalembert, 90

Roger de Rabutin, Comte de Bussy, IV, 53

TABLE.

Lieutenans Généraux des Armées Navales.
  Abraham Duquesne,   IV, 95
  René Duguay-Trouin,   VII, 16
  Claude de Forbin, *Chef d'Escadre des Armées Navales,*   VII, 20

Voyez Amiraux.

Lieutenant de Police.
  René Hérault,   VIII, 18

Lille, (Plan des attaques de) VII, 11
Lionne, (Hugues de) *Ministre d'Etat,*   VII, 22
Locke, (Jean) *Philosophe Angl.* VII, 51
Longueil, (Jean de) Marquis de Maisons, *Président à Mortier,*   IV, 43
Longueval. Voyez Buquoy.
Longueville, (Anne Geneviéve de Bourbon-Condé, Duchesse de) IV, 49

Lorraine. (Ducs de)
  René II,   II, 47
  François, Duc de Guise, *Lieutenant Général,*   II, 88
  Conférence du Duc de Guise & du Cardinal de Lorraine,   III, 12
  Henri, Duc de Guise, *surnommé* le Balafré,   III, 24
  Louis, Cardinal de Guise,   48
  Charles, Duc de Mayenne,   43
  Philippe-Emmanuel, Duc de Mercœur,   III, 50
  Charles, Cardinal de Lorraine, V, 78
  Henri, Comte d'Harcourt, *Grand Ecuyer de France,*   IV, 5
  Charles-Alexandre, *Gouverneur des Pays-Bas,*   VIII, 31

Lothaire, *Roi de France,*   I, 41

Louis, *Empereurs.*
  I, le Débonnaire,   I, 27
  II, le Germanique,   25
  III, le Begue,   28

Louis, *Empereurs.*
  IV, *ou le Jeune,*   I, 34
  V, de Baviere,   89

Louis, *Rois de France.*
  I, le Débonnaire,   I, 27
  II, le Begue,   28
  III,   29
  IV, d'Outremer,   39
  V,   43
  VI, le Gros,   58
  VII, le Jeune,   61
  VIII,   77
  IX,   78
  X, le Hutin,   88
  XI,   II, 37
    assemblé avec les Princes,   40
  XII,   70
  XIII,   III, 84
  XIV, le Grand,   IV, 39
    en habit Militaire,   VI, 36
  XV,   VIII, 1
  XVI, *Frontispice,*   Tome VI,

Louis, *Dauphins.*
  Fils de Louis XIV, *appellé* Monseigneur,   IV, 99
  Petit-Fils de Louis XIV, Duc de Bourgogne,   VI, 80
  Fils de Louis XV,   VIII, 3

Lowendalh, (Woldemar de) *Maréchal de France,*   VIII, 10
Louvois, (François-Michel le Tellier, Marquis de) & de Courtanvaux, *Ministre de la Guerre & Surintendant des Bâtimens,*   IV, 80
Lucas de Leyde, *Grav. & Peint.* VI, 8
Lully, (Jean-Bapt.) *Musicien,* IV, 71
Luther, (Martin) *Hérésiarque,* II, 80

Luxembourg. (Comtes de)
  Henri VII, *Empereur,*   V, 87
  Charles IV, *Empereur,*   I, 98

Luxembourg. (Ducs de)
Louis, Comte de Saint-Paul, II, 11
Anne de Montmorenci, 82
habillé selon le costume, III, 1
Henri I de Montmorenci, 30
François-Henri de Montmorenci, *Maréchal de France*, IV, 87
Henri II de Montmorenci, V, 100

Luxembourg, (Plan de la Ville de) VI, 49
Luynes, (Honoré, Seigneur de) *Colonel des Bandes Françoises*, III, 38
Charles d'Albert, (Duc de) *Connétable*, III, 100
Luzzara, (Bataille de) VI, 74

M

MABILLON, (Jean) *Bénédictin*, VII, 42
Machiavel, (Nicolas) *Savant Italien*, VI, 5
Mademoiselle. *Voyez* Montpensier.
Magistrats. *Voyez* Avocats, Chanceliers, Conseillers d'Etat, Conseillers au Parlement, Gardes des Sceaux, Lieutenans Civils, Lieutenans de Police, Présidens à Mortier, Prévôts des Marchands.
Maimbourg, (Louis) *Jésuite*, V, 12
Maine, (Charles d'Anjou, Comte du) II, 27
Maine, (Léonor - Marie du) Comte du Bourg, *Maréchal de France*, VIII, 6
Maintenon, (Françoise d'Aubigné, Marquise de) V, 2
Maisons. *Voyez* Longueil.
Malebranche, (Nicolas) *Prêtre de l'Oratoire*, VII, 56
Malherbe, (François de) *Poëte*, I, 67
Malplaquet, (Plan de la bataille de) VII, 12
Mancini, (Hortense de) Duchesse de Mazarin, IV, 69
Marchand, (Jean - Louis) *Organiste*, VIII, 96
Maréchal, (Georges) *Chirurgien*, II, 18

Maréchal Général des Camps & Armées du Roi.
Henri de la Tour - d'Auvergne, Vicomte de Turenne, IV, 21

Maréchaux de France.
Pierre de Rohan, Seigneur de Gié, II, 51
Jean-Jacques Trivulse, 69
Charles de Cossé, Comte de Brissac, 91
habillé selon le costume, V, 79
Blaise de Montluc, 92
Artus de Cossé, Sieur de Gonnort, 97
habillé selon le Costume, III, 6
Jacques Goyon de Matignon, 28
Armand de Gontaut, Seigneur de Biron, III, 29
Henri de la Tour, Vicomte de Turenne, III, 35
Henri de Joyeuse, 53
Charles II de Cossé, 58
Charles de Gontaut, Duc de Biron, 68
Charles I, Sire de Créquy, 72
Maximilien de Bethune, Duc de Sully, III, 78
François Bassompierre, 85
Concini Concino, Marquis d'Ancre, III, 87
Jean de S. Bonnet, Seigneur de Toiras, IV, 2

TABLE.

Maréchaux de France.

Jean de Gaffion,	IV,	16
Céfar de Choifeul,		22
Charles de la Porte, Duc de la Meilleraye,	IV,	23
Antoine III, Duc de Grammont,		50
Fréderic-Armand, Comte de Schomberg,	IV,	65
François, Vicomte d'Aubuffon, Duc de la Feuillade,	IV,	73
François-Henri de Montmorenci, Duc de Luxembourg,	IV,	87
Sébaftien le Preftre, Seigneur de Vauban,	IV,	90
Henri de Froulay, Comte de Teffé,	IV,	98
Nicolas Catinat,	V,	19
Henri, Duc d'Harcourt,		25
Louis-Hector, Duc de Villars,		26
Henri, Duc de Montmorenci,	II,	100
Adrien-Maurice de Noailles,	VI,	63
Léonor-Marie du Maine, Comte du Bourg,	VIII,	6
Jacques de Chaftenet, Marquis de Puyfégur,	VIII,	7
François-Marie, Duc de Broglie,		8
Woldemar Lowendahl,		10

Marguerite d'Autriche, *Ducheffe de Savoye*, II, 75
Marguerite de Brabant, *Comteffe de Hollande*, V, 64

Marie, Reines d'Angleterre.

Fille de Henri VIII,	II,	101
Stuart, *Reine d'Ecoffe & de France*,	III,	8
Stuart, II du nom,	IV,	96

Marie de Bourgogne, *Comteffe de Hollande*, II, 49
   habillée felon le coftume, V, 72

Marie-Thérèfe-Antoinette-Raphaël d'Efpagne; *premiere femme du Dauphin, fils de Louis XV.* VIII, 4
Marie-Thérèfe-Walpurge-Amélie-Chriftine, *Impératrice, Reine de Hongrie, époufe de François I*, VIII, 30
Marillac, (Louife) veuve le Gras, *premiere Supérieure des Sœurs de la Charité*, VI, 27
Marini, (Jean-Baptifte) *Poëte Italien*, IV, 11
Marlborough, (Jean Churchill, Duc de) *Général Anglois*, IV, 100
Marnix, (Philippe de) Seigneur du Mont Sainte-Aldegonde, *Conful d'Anvers*, V, 86
Marot, (Clément) *Poëte*, I, 65

Marquis & Marquifes.

Voyez Balzac, Belle-Ifle, Cinq-Mars, Courtanvaux, Duquefne, Maintenon, Maifons, Montefpan, Puyfégur, Sévigné, Trans, Verneuil, Vilneuve.

Marfaille, (Plan de la bataille de la) VI, 66
Marfillac. *Voyez* la Rochefoucault.
Martin V, *Pape*, II, 14
Maftricht, (Plan de la Ville & des attaques de) VI, 44

Mathématiciens.

Pierre Gaffendi,	IV,	63
Blaife Pafcal,		72
Jacques Bernoulli,	VII,	52
Jean-Dominique Caffini,		55
Guillaume Godefroy, Baron de Leibnitz,	VII,	57
Ifaac Newton,		62
Jean Bernoulli,	VIII,	78

Chriftian

TABLE.

Mathématiciens.
Christian Wolff, VIII, 81
Nicolas Bion, *Constructeur d'Instrumens*, 82
Voyez Philosophes.
Matthias, *Empereur*, III, 42
Matignon, (Jacques Goyon, Sire de) *Maréchal de France*, III, 28
Maupeou, (Gilles) *Contrôleur Général*, 93
Maupeou, (René-Charles) *Vice-Chancelier & Garde des Sceaux*, VIII, 17
Maximilien I, *Empereur & Tuteur de Hollande*, II, 50
habillé selon le costume, V, 82
Maximilien II, VI, 81
Maximilien-Emmanuel de Baviere, 59
Mayence, (Plan de) 52
Mayenne, (Charles de Lorraine, Duc de) III, 43
Mazaniel, (Thomaso Aniello) *Chef des Rebelles de Naples*, IV, 45
Mazarin, (Jules) *Cardinal*, 13
Mazarin, (Hortense de Mancini, Duchesse de) IV, 69
Médailles.
1644 — 1648, VI, 38
1663 — 1670, 41, 42
1675 — 1682, 46
1685 — 1693, 50
Médecins.
Jacques Coytier, II, 52
Gabriel Naudé, IV, 61
Lanfranc, VI, 2
Philippe-Auréole-Théophraste Paracelse, VI, 3
Henri Blacvod, 30
Charles Patin, VII, 46
Guy Crescent Fagon, 47
Hermand Boerhaave, VIII, 76
Jean-Baptiste Silva, 77
Théodore Tronchin, 80
Tome VIII.

Médicis, (Catherine) *Reine de France*, II, 84
habillée selon le costume, III, 11
Sa Conférence avec le Duc de Guise & le Cardinal de Lorraine, III, 12
Médicis, (Marie) *Reine de France*, 74
Mehemet Effendi, *Ambassadeur de Turquie*, VIII, 40
Mellan, (Claude) *Graveur & Peintre*, V, 17
Ménagé, (Gilles) *Avocat*, 30
Ménager, (Nicolas) *Plénipotentiaire aux Conférences d'Utrecht*, VII, 23
Ménicuccius, (Raphael) *Bouffon*, VI, 35
Menin, (Plan des attaques de la Ville de) VII, 6
Mercœur, (Philippe-Emmanuel de Lorraine, Duc de) III, 50
Merigi, (Michel-Ange) *dit* Caravage, *Peintre*, VI, 19
Mérovée, *Roi de France*, I, 3
Mersenne, (Marin) *Minime*, IV, 48
Mesmes, (Henri de) *Seigneur de Roissy, Président au Parlement*, IV, 12
Mesmes, (Jean-Antoine) *Comte d'Avaux, Ambassadeur*, IV, 94
Mesnard, (Jean de la Noë) *Directeur de Communauté*, VII, 43
Mezeray, (François-Eudes de) *Historiographe de France*, V, 6
Michel-Ange. *Voyez* Buonarotti.
Mignard, (Pierre) *Peintre*, V, 39
Milan (Ducs de)
Jean Galeas Visconti, I, 99
François Sforce, II, 20
Ludovic-Marie Sforce, 55
Milton, (Jean) *Poëte Anglois*, VII, 45
Minime.
Marin Mersenne, IV, 48

R

TABLE.

Ministres d'Etat.

Hugues de Lionne, VII, 22
François-Michel le Tellier, Marquis de Louvois, IV, 80
Guillaume Dubois, *Card.* VIII, 12
André-Hercules de Fleury, *Cardinal*, VIII, 13
Voyer de Paulmy, 16

Miramion, (Marie Bonneau, Dame de) *premiere Supérieure des Miramionnes*, VII, 39

Molé, (Matthieu) *Garde des Sceaux*, III, 99

Moliere, (Jean-Baptiste Pocquelin) *Poëte dramatique*, IV, 91

Mons, (Plan de) VI, 54

Monseigneur, (Louis de France, Dauphin, *appellé*) fils de Louis XIV, IV, 99

Monsieur, frere unique de Louis XIV, (Philippe) Duc d'Orléans, IV, 67

Montalembert, (André de) *Lieutenant Général*, II, 90

Montalte. *Voyez* Sixte V.

Montécuculi, (Raymond de) *Généralissime des Troupes de l'Empereur*, IV, 74

Montespan, (Françoise Athenaïs de Rochechouart, Marquise de) IV, 78

Montesquieu, (Charles Secondat, Baron de) *Président à Mortier au Parlement de Bordeaux*, VIII, 20

Montfaucon, (Bernard de) *Bénédictin*, VIII, 58

Montlhery, (bataille de) II, 42

Montluc, (Blaise de) *Maréchal de France*, II, 92

Montmorenci. (Ducs de)

Anne, *Connétable*, II, 82
  habillé selon le costume, III, 1
Henri I, *Connétable*, 30
François-Henri, *Duc de Luxembourg*, *Maréchal de France*, IV, 87
Henri II, *Maréchal de France*, V, 100
Charlotte-Marguerite, *Princesse de Condé*, III, 82

Montpensier. (Ducs de)

Henri de Bourbon, III, 66
Anne-Marie-Louise d'Orléans, connue sous le nom de Mademoiselle, IV, 56

Moralistes.

François VI, *Duc de la Rochefoucault*, IV, 42
Pierre Nicole, V, 40
Jean Labruyere, VII, 48

Mornay, (Philippe de) *Seigneur du Plessis-Marly*, *Gouverneur de Saumur*, III, 70

Mortain, (Jean Sansterre, *Roi d'Angleterre*, Comte de) I, 73

Musiciens.

Jean-Baptiste Lully, IV, 71
Archange Corelli, VII, 91
Michel-Richard de Lalande, 92
Jean-François Lallouette, 93
Nicolas Bernier, VIII, 97
Jean-Pierre Guignon, 98

Musschembroeck, (Pierre) *Professeur de Physique en Hollande*, VIII, 83

N

Nadir-Kuli ou Kouli. *Voyez* Thamas Koulikan.
Namur, (plan des lignes devant) VI, 57
Nancy, (bataille de) II, 48
Naples, (René d'Anjou, *Roi de*) II, 23
  Mazaniel, *Chef de la révolution*, IV, 45

Nassau. (Comtes de)
  Adolphe, *Empereur*, I, 84
  Guillaume, *Prince d'Orange*, V, 81
  Maurice, *Prince d'Orange, Stadhouder de Hollande*, V, 90
  Guillaume-Louis, *Stadhouder de Frise & de Groningue*, V, 91
  Fréderic-Henri, *Prince d'Orange*, 96
  Guillaume II, *Prince d'Orange, Stadhouder de Hollande & Amiral des Provinces-Unies*, V, 98
  Jean-Maurice, *Général de la Cavalerie de la République*, V, 99
  Guillaume III, *Roi d'Angleterre*, VI, 58

Navarre. (Rois de)
  Antoine de Bourbon, III, 7
  Henri IV, *Roi de France*, 60
  Louis XIII, 84
  Louis XIV, IV, 39
  Louis XV, VIII, 1

Navarre. (Reines de)
  Marguerite de Valois, II, 79
  Jeanne d'Albret, 86
  habillée selon le costume, III, 18

Navarre, (Catherine de Bourbon, *Princesse de*) III, 63
Naudé, (Gabriel) *Médecin*, IV, 61
Nerwinde, (plan de la bataille de) VI, 64
Neufville. *Voyez* Villeroy.
Newton, (Isaac) *Mathématicien Anglois*, VII, 62
Nice, (plan de la Ville & Citadelle de) VI, 56
Nicole, (Pierre) *Moraliste*, V, 40
Ninon de Lenclos, (Anne) *Femme célebre*, VII, 76
Noailles, (Louis-Antoine de) *Cardinal*, V, 36
Noailles, (Adrien-Maurice) *Maréchal de France*, VI, 63
Nogaret. *Voyez* la Valette.
Nordwyk, (Jean Vander Does, *Sieur de*) V, 89

Normandie, (Ducs de) *Rois d'Angleterre.*
  Guillaume I, I, 53
  Henri I, 57
  Henri II, 64
  Richard I, 69
  Jean Sansterre, 73

Northampton, (Henri IV, *Roi d'Angleterre, Duc de*) II, 7
Nostradamus, (Michel) *Astrol.* III, 25

O

Olonne, (Catherine-Henriette d'Angennes, *Comtesse d'*) IV, 52
Orange. (Prince d') *Voyez* Nassau.

Oratoire. (*Congrégation de l'*)
  Pierre Berulle, *Fondateur*, VI, 22
  Charles Condren, *Général.* IV, 14

R ij

Oratoire. (Congrégation de l')
  Abel-Louis de Sainte-Marthe, *Général*, VII, 38
  Pasquier Quesnel, *Prêtre*, 44
  Jacques-Joseph Duguet, *Prêtre*, 55
  Nicolas Mallebranche, *Prêtre*, 56
  Joseph de la Fontaine Solare de Boisfiere, *Prédicateur*, VIII, 52

Organistes.
  Jérôme Frescobaldi, VI, 34
  Jean-Louis Marchand, VIII, 96

Orléans. (Ducs d')
  Jean, *Comte de Dunois*, II, 24
  Jean-Baptiste Gaston, IV, 3
  Anne-Marie-Louise, *Duchesse de Montpensier, sa fille*, IV, 56

Orléans. (Ducs d')
  Philippe, frere de Louis XIV, *appellé Monsieur*, IV, 67
  Henriette-Anne d'Angleterre, *son épouse*, IV, 68
  Philippe, *Régent pendant la minorité de Louis XV*, VII, 10
  Louis, VIII, 5

Ossat, (Arnauld d') *Cardinal*, III, 54

Othon, *Empereurs.*
  I, I, 40
  II, 42
  III, 45
  IV, 71

Oxenstiern, (Axel) *Chancelier de Suède*, IV, 15

P

PAPES.
  Grégoire XII, II, 10
  Martin V, 14
  Alexandre VI, 66
  Jules II, 74
  Sixte-Quint, III, 49
  Benoît XIII, VIII, 25

Paracelse, (Philippe-Auréole-Théophraste) dit Bombast, *Médecin*, VI, 3
Paré, (Ambroise) *Chirurgien*, II, 99

Parme. (Ducs de)
  Alexandre Farnèse, III, 22
  D. Carlos, *ou* Charles III, *Roi d'Espagne*, VIII, 23

Parrocel, (Joseph) *Peintre*, VII, 81
Pascal, (Blaise) *Savant Théologien & Mathématicien*, IV, 72
Pasquier, (Etienne) *Avocat*, III, 23
Passage du Rhin, VI, 43

Patin, (Charles) *Médecin*, VII, 46
Paulmy. *Voyez* Voyer.
Pauw, (Adrien) *Grand Pensionnaire de Hollande*, V, 97

Pays-Bas. (Gouverneur des)
  Charles-Alex. de Lorraine, VIII, 31

Peintres.
  André del Sarte, II, 93
  Titien Vecelli, III, 40
  Fréderic Baroche, 91
  Pierre-Paul Rubens, IV, 32
  Dominiquin, 34
  Antoine Vandyck, 35
  Simon Vouet, 36
  Virginia di Vezzo, *son épouse*, 37
  Nicolas Poussin, 76
  Le Guerchin, 81
  Rembrandt, 92
  Philippe de Champagne, 93
  Nicolas Berghem, V, 4

TABLE.

Peintres.
Charles le Brun, V, 23
Henri Verfcure, 24
Pierre Mignard, 39
Raphael Sanzio d'Urbin, VI, 7
Polidore Caldara, *ou* Caravage, 10
Jean Holbein, 12
Pierre Breughel, 16
Auguftin Carrache, 17
Annibal Carrache, 18
Michel-Ange Merigi, *dit* Caravage, 19
Jean Lanfranc, 32
Jofeph Parrocel, VII, 81
Charles de la Foffe, 82
Antoine Watteau, VIII, 85
Alexis-Simon Belle, 86
Hiacinthe Rigaud, 87
Nicolas Largilliere, 88
Rofalba Carriera, 89
Voyez Architectes - Peintres - Sculpteurs.

Peintre & Sculpteur.
Baccio Bandinelli, VI, 13

Peirefc, (Nicolas - Claude Fabri de) *Confeiller au Parlement*, IV, 30
Pepin, *Roi de France*, I, 22
Peretti. *Voyez* Sixte V.
Perichon, (Camille) *Prévôt des Marchands*, VIII, 22
Perfe, (Thamas Koulikan, *Roi de*) VIII, 44
Peruzzi, (Balthafar) *Peintre & Graveur*, VI, 9
Petau, (Denis) *Jéfuite*, IV, 58
Petit, (Jean-Louis) *Chirurg.* VIII, 79
Petrowna, (Elifabeth) *Impératrice de Ruffie*, VIII, 39
Pharamond, *Roi de France*, I, 1
Philaras, (Léonard) *Savant Grec*, VI, 28
Philibert I, *Duc de Savoye*, II, 54
Philippe I, *Empereur*, I, 72

Philippe. (*Comtes de Hollande*)
I, le Bon, *Duc de Bourgogne*, II, 16
 habillé felon le coftume, V, 7
II, *Archiduc d'Autriche & Roi de Caftille*, V, 73
III, & II *dans l'ordre des Rois d'Efpagne*, III, 2
IV, & III *dans l'ordre des Rois d'Efpagne*, V, 9
V, & IV *dans l'ordre des Rois d'Efpagne*, V, 95

Philippe, *Rois d'Efpagne.*
II, III, 2
II, & III *dans l'ordre des Comtes de Hollande, en habit Militaire*, VI, 82
III, & IV *parmi les Comtes de Hollande*, V, 92
IV, & V *parmi les Comtes de Hollande*, V, 95
V, VI, 75

Philippe, *Rois de France.*
I, I, 54
II, Augufte, 68
III, le Hardi, 80
IV, le Bel, 83
V, le Long, 91
VI, de Valois, 94

Philifbourg. (plan de) VI, 51

Philofophes.
Ariftote, I, 74
René Defcartes, IV, 51
Jean Locke, *Anglois*, VII, 51
Ifaac Newton, 62

Voyez Phyficiens, Savans.

Pierre Muffchembroeck, VIII, 83
Picart, (Bernard) *Graveur*, 93
Pierre I, *dit le Grand, Czar de Mofcovie*, VII, 31

Pioche de la Vergne. *Voyez* la Fayette.
Pitard, (Jean) *Chirurgien*. VI, 1

Plans de différentes Villes.
Maſtricht, VI, 44
Gênes, 48
Luxembourg, 49
Philiſbourg, 51
Mayence, 52
Mons, 54
Nice, 56
Namur, 57
Gironne, VI, 74, & VII, 14
Carthagêne, VI, 69
Barcelonne, 71
Crémone, 72
Keyſerſwert, 73
Landau, 76
Briſac, 79
Verue, VII, 4
Menin, 6
Turin, 7
Toulon, 8
Lille, 11
Bethune, 13
Rio Janeiro, 15
Denain, 17

Voyez Batailles, Sieges.

Pocquelin. *Voyez* Moliere.

Poëtes.
Clément Marot, I, 65
Pierre Ronſard, 66
François Malherbe, 67
Jean-Baptiſte Marini, *Italien*, IV, 11
Pierre Corneille, 27
Moliere, 91
Paul Scarron, V, 7
Philippe Quinault, 18
Antoinette du Ligier de la Garde Deſ-
houlieres, V, 33

Poëtes.
Jean la Fontaine, V, 38
Jean Milton, *Anglois*, 45
Jean-Baptiſte Santeuil, 65
Jean Racine, 66
Jean Segrais, 67
Thomas Corneille, 68
Nicolas Boileau Deſpréaux, 69
Guillaume Chaulieu, 70
Pierre Aretin, *Italien*, VI, 11
Charles Coffin, VIII, 64
La Motte, 69
Jean-Baptiſte Rouſſeau, 70
Jean-Baptiſte Grécourt, 71
Bernard Fontenelle, 72
Louis Racine, 73
Arouet de Voltaire, 75

Pogge, (François) *Hiſtorien de Florence*,
II, 30
Poitou, (Richard II, *Roi d'Angleterre*,
Comte de) I, 69
Poix, (Charles I, *Sire de Crequi, Prince
de*) III, 72
Polignac, (Melchior) *Cardinal*, VIII, 46
Pologne. (*Rois de*)
Fréderic-Auguſte I, VII, 30
Staniſlas Leczinski, VIII, 37
Pomponne. *Voyez* Bellievre.
Pouſſin, (Nicolas) *Peintre*, IV, 76

Prédicateur.
Joſeph de la Fontaine Solare de la Boiſ-
ſiere, *Prêtre de l'Oratoire*, VIII, 52

Préſidents à Mortier.
Barnabé Briſſon, III, 64
Gaucher Scevole de Sainte-Marthe,
IV, 7
Henri de Meſmes, 12
Jean de Longueil, 43

Préfidents à Mortier.
  Guillaume de la Moignon, *Premier Préfident*,   IV, 64
  Charles Secondat, *Baron de Montefquieu*,   VIII, 20

Prétendant. Voyez Jacques III & Charles-Edouard-Cafimir.

Prévôts des Marchands.
  Michel-Etienne Turgot, *Paris*;   VIII, 21
  Camille Perichon, *Lyon*,   22

Princes & Princeffes.
  Voyez Bourbon, Condé, Conti, Furftemberg, Galles, Poix.

Pruffe. (Rois de)
  Fréderic-Guillaume I,   VII, 25
  Charles-Fréderic III,   VIII, 33

Pruffe. (Homme Illuftre)
  Léopold d'Anhalt Deffaw, *Généraliffime des Troupes*,   VIII, 32

Pucelle, (René) *Confeiller au Parlement*.   V, 8
Puget, (Pierre) *Architecte, Peintre & Sculpteur*,   V, 37
Puyfegur, (Jacques de Chaftenet, Marquis de) *Maréchal de France*, VIII, 7
Pyramide dreffée devant la porte du Palais,   III, 71

Q

QUESNEL, (Pafquier) *Prêtre de l'Oratoire*,   VII, 44
Quefnoy, (François) *Sculpteur*, IV, 44

Quinault, (Philip.) *Poëte Dramat.* V, 18
Quirini, (Ange-Marie) *Cardinal*,   VIII, 26

R

RABUTIN. *Voyez* Buffi & Sévigné.
Racine, (Jean) *Poëte Dramat.* VII, 66
Racine, (Louis) *fon fils, Poëte*, VIII, 73
Ramillies, (plan de la bataille de) VII, 5
Rancé, (Armand-Jean Bouthillier de) *Abbé de la Trappe*,   IV, 75
Rannes. *Voyez* Argouges.
Raoul, *Roi de France*,   I, 37
Raphael Sanzio, *furnommé d'Urbin, Peintre*,   VI, 7
Rapin de Thoyras, (Paul) *Hiftorien Anglois*,   VII, 63
Raveftein, (Adolp. de) *D. de Clèv.* II, 61
Religieux.
  Voyez Bénédictins, Capucins, Carmelite, Dominicains, Jéfuites, Minimes, Oratoriens.

Rembrandt, (Van Ryn) *Peintre*, IV, 92
René d'Anjou, *Roi de Naples & de Sicile*,   II, 23
René II, *Duc de Lorraine*,   47
René, *Duc d'Alençon*,   53
Retz. *Voyez* Gondi.
Rhin, (paffage du)   VI, 43
Ribier, (Guillaume) *Confeiller d'Etat*,   III, 94
Richard. (Rois d'Angleterre)
  I,   I, 69
  II,   II, 2
  III,   60
Richelieu, (Armand-Jean Dupleffis) *Cardinal*,   III, 97

Richemont. (*Comte de*)
  Henri VII, *Roi d'Angleterre*, II, 76
Rigaud, (Hiacinthe) *Peintre*, VIII, 87
Rio Janeiro, (plan de la Baye & de la Ville de) VII, 15
Robert, *Roi de France*, I, 46
Robert *ou* Rupert, *Empereur*, II, 8
Robert le Frison, *Régent de Hollande*, V, 49
Rochechouart. *Voyez* Montespan.
Rocroy, (plan de la bataille de) VI, 37
Rodolphe, *Empereurs*.
  I, d'Hasbourg, I, 82
  II, III, 34
Rohan, (Pierre de) *Maréchal de Gié*, II, 51
Rohan, (Armand Gaston Maximilien de) *Cardinal*, VIII, 48
  Voyez Chevreuse.
Rois & Reines.
  Voyez Angleterre, Bohême, Castille, Ecosse, Empereurs, Espagne, France, Hongrie, Naples, Navarre, Perse, Pologne, Prusse, Russie, Sardaigne, Sicile, Suede, Toscane.

Roissy. *Voyez* Mesmes.
Rollin, (Charles) *Professeur d'éloquence*, VIII, 59
Ronsard, (Pierre de) *Poëte*, I, 66
Rosalba Carriera, *Peintre*, VIII, 89
Roses, (Camp devant) VI, 62
Rosny. *Voyez* Sully.
Rothelin, (Charles d'Orléans de) *Abbé*, VIII, 62
Rousseau, (Jean-Baptiste) *Poëte*, 70
Roussille. *Voyez* Fontanges.
Rubens, (Pierre-Paul) *Peintre*, IV, 32
Rupert *ou* Robert, *Empereur*, II, 8

Russie. (Czars & Czarines de)
  Pierre I, VII, 31
  Catherine Alexiewna, 32
  Anne Iwanowna, VIII, 38
  Elisabeth Petrowna, 39

Russie. (Hommes célebres de)
  François le Fort, *Ministre de Pierre I*, VII, 33
  Antiochus Cantemir, *Ambassadeur*, VIII, 42

Ruyter (Michel-Adrien) *Amiral des Provinces-Unies*, IV, 79
Ruzé. *Voyez* Cinq-Mars.

S

Sainte-Aldegonde. *Voyez* Marnix.
Saint-Bonnet. *Voyez* Toiras.
Saint-Evremond, (Charles de Saint-Denis, Sieur de) *Littérateur*, VII, 50
Sainte-Marthe, (Gaucher *ou* Scevole de) *Président*, IV, 7
Sainte-Marthe, (Abel-Louis) *Général de l'Oratoire*, VII, 38
Saint-Paul, (Louis de Luxembourg, Comte de) II, 11

Sales. *Voyez* François de Sales.
Salignac. *Voyez* Fenelon.
Sanadon, (Noel-Etienne) *Jésuite*, VIII, 56
Sancy, (Nicolas de Harlay,) III, 55
Santeuil, (Jean-Baptiste) *Chanoine de S. Victor, Poëte*, VII, 65
Sanzio. *Voyez* Raphael.

Sardaigne.

TABLE.

Sardaigne. (Rois de)
  Charles-Emmanuel I, III, 45
  Victor-Amedée II, V, 13
  Charles-Emman. Victor III, VIII, 27
Sarte, (André del) *Peintre,* II, 93

Savans.
Ant. Arnauld, IV, 77. Phil. Goibaud Dubois, V, 35. Didier Erasme, 75. Léonard Philaras, VI, 28. Charles de Saint-Evremont, VII, 50. Bayle, 53. Eustache le Noble, 54. Ant. Hamilton, 58. André Dacier, 59. René Boudier, *Sieur de la Jousseliniere,* VII, 61. Ch. de Rothelin, VIII, 62. P. Fr. Guyot Desfontaines, VIII, 63. Nic. Lenglet Dufresnoy, 66. Claude-Henri de Voisenon, 74.

  Voyez Astrologues, Astron., Bibliothécaires, Chirurgiens, Hérésiarques, Historiens, Mathématiciens, Médecins, Moralistes, Philosophes, Physiciens, Poëtes, Religieux.

Savonarole, (Jérôme) *Dominic.* II, 67
Savoye. (Ducs de) & *Rois de Sardaigne.*
  Philibert I, II, 54
  Marguerite d'Autriche, 75
  Charles-Emmanuel I, III, 45
  Victor-Amedée II, V, 13
  Ch. Emm. Victor III, VIII, 27
Saxe, (Bernard Weimar, *Duc de*) IV, 17
Saxe, (Maurice, *Comte de*) VIII, 9
Scarron, (Paul) *Poëte,* V, 7
Schach Nadir. Voyez Thamas-Kouli-Kan.
Schellemberg, (Combat de) VII, 2
Schomberg. (Frédéric-Armand, *Comte de*) *Maréchal de France,* IV, 65
Schurman, (Anne-Marie de) *Femme Savante,* VII, 71
Scoraille. Voyez Fontanges.
Scuderi, (Magd.) *Femme Savante,* VII, 74

Tome VIII.

Sculpteurs.
François Quesnoy, IV, 44. Martin Desjardins, V, 34. Alexandre Algardi, VI, 33. Barthelemi Tremblet, VII, 83. François Girardon, 84. Antoine Coysevox, 85. Nicolas Coustou, VIII, 90.

  Voyez Peintres & Sculpteurs.

Secondat. Voyez Montesquieu.
Segrais, (Jean-Renaud de) *Poëte,* VII, 67
Séguier, (Pierre) *Chancelier,* IV, 20
Servin, (Louis) *Avocat Général,* III, 59
Sévigné, (Marie Rabutin, Dame de Chantal, *Marquise de*) *Femme Savante,* VII, 73
Sévigné, (Françoise-Marguerite de) *Comtesse de Grignan,* sa fille, *Femme Savante,* VII, 75.
Sforce. (*Ducs de Milan*) François, II, 20. Ludovic Marie, 55.
Sicile. (Rois de)
  René d'Anjou, II, 23
  Charles, ou D. Carlos, *Roi d'Espagne,* VIII, 23
Sieges de Leyde, V, 88. Arras, VI, 39. Ath, 70. Lerida, VII, 9. Landau, 18. Fribourg, 19.

  Voyez Batailles, Plans.

Sigismond, Empereur, II, 13
Sillery, (Nicolas Brulart de) III, 75
Silva, (Jean-Baptiste) *Médecin,* VIII, 77
Simonneau, (Charles) *Graveur,* 91
Sixte-Quint, (Felix Peretti, *Cardinal de Montalte*) *Pape,* III, 49
Soanen, (Jean) *Evêque de Senès,* V, 22
Soissons. (Comtes de)
  Charles de Bourbon, III, 52
  François Eugène de Savoye, V, 27

S

TABLE

Souillac, (Jean-Georges de) *Evêque de Lodeve,* VIII, 49
Spinofa, (Benoît) *Juif,* IV, 97
Spire. (plan de la bataille de) VII, 1
Sſaid Pacha-Beglierbey de Roumely, *Ambaſſadeur Turc,* VIII, 41
Stadhouders. *Voyez* Hollande.
Staniſlas. *Voyez* Leczinski.
Steinkerke, (Combat de) VI, 60
Stuart.
   Marie I, *Reine d'Ecoſſe,* III, 8
   Marie II, *Reine d'Angleterre,* IV, 96
   Anne, *Reine d'Angleterre,* VII, 26
Suede. (Rois & Reines de)
   Guſtave Adolphe, III, 89. Chriſtine, IV, 18. Charles XII, VII, 29.
Suede. (Homme Illuſtre de)
   Axel Oxenſtiern, *Chancelier,* IV, 15
Suffolk. *Voyez* Gray.

Suiſſe. (Hommes Illuſtres de)
   Nicolas Lewenberg, *Chef des rebelles des Cantons Suiſſes,* IV, 60
   Théodore Tronchin, *Méd.* VIII, 80
Sully, (Maximilien de Bethune, *Duc de) Miniſtre ſous Henri IV,* III, 78
Surintendans & Contrôleurs des Finances.
   Nicolas de Harlay de Sancy, III, 55
   Pierre Jeannin, 65
   Maxim. de Bethune, *Duc de Sully,* 78
   Gilles Maupeou, 93
   Nicolas Fouquet, IV, 59
   Jean-Baptiſte Colbert, 70
   Louis Beryer, V, 14
   Jean Law, VIII, 14
Surintendant des Bâtimens.
   François-Michel le Tellier, *Marquis de Louvois,* IV, 80

T

TALMONT. *Voyez* la Trémoille.
Tardieu, (Nicolas-Henri) *Graveur,* VIII, 94
Temple, (Guillaume) *Ambaſſadeur,* IV, 82
Terrail. *Voyez* Bayard.
Teſſé, (René de Froulay, *Comte de) Maréchal de France, Général des Galeres,* IV, 98
Thouars, (Claude de la Trémouille, *Duc de)* III, 41
Thamas-Koulikan, *dit* Nadir-Kuli *ou* Kouli, & depuis Schach-Nadir, *Roi de Perſe,* VIII, 44
Théodoric. (*Comtes de Hollande*)
   I, V, 41. II, 42. III, 44. IV, 45. V, 47. VI, 52. VII, 54.
Thevenard, (Gabriel-Vincent) *Acteur,* VIII, 101

Thierry. (*Rois de France*)
   I, *ou* II, *ou* III, I, 9
   II, *ou* IV, 20
Thoyras. *Voyez* Rapin.
Tillemont, (Louis-Sébaſtien le Nain de) *Hiſtorien,* VII, 40
Tilly. *Voyez* Tzerclaës.
Tindall, (Mathieu) *Hiſtorien,* VII, 64
Titien Vecelli, *Peintre,* III, 40
Toiras, (Jean de Saint-Bonnet, *Seigneur de)* IV, 2
Toſcane. (Grand-Duc de)
   François I, *Empereur,* VIII, 29
Toulon. (plan de la Ville de) VII, 8
Toulouſe. (Comte de)
   Louis-Alexandre de Bourbon, *légitimé de France,* V, 28

TABLE.

Tour - d'Auvergne. *Voyez* Bouillon, Turenne.

Trans. (Marquis de)
Louis de Villeneuve, II, 73

Tremblay, (François le Clerc du) *célebre sous le nom du* Pere Joseph, IV, 1
Tremblet, (Barthelemi) *Sculpt* VII, 83
Trivulse, (Jean-Jacques) *Maréchal de France*, II, 69
Tromp, (Martin-Happertz) *Amiral Hollandois*, IV, 31
Tronchin, (Théodore) *Méd.* VIII, 80

Turenne, (Henri de la Tour, *Vicomte de*) *Maréchal de France*, III, 35
Henri, son fils, *Maréchal Général des Camps & Armées du Roi*, IV, 21
Turgot, (Michel-Etienne) *Prévôt des Marchands*, VIII, 21
Turin, (plan de la Ville de) VII, 7
Turquie. (Ambassadeurs de)
Méhemet Effendi, VIII, 40
Sfaid Pacha-Beglierbey, 41
Tycho-Brahé, *Astronome*, III, 76
Tzerclaës, (Jean) *Comte de Tilly*, IV, 4

V

Valentinois. (Duc de)
César Borgia, II, 68

Valois.
Marguerite, *Reine de Navarre*, II, 79
Marguerite, *Reine de France*, III, 32
Charles, Duc d'Angoulême, *Colonel Général de la Cavalerie légere de France*, III, 77
Louis-Emmanuel, Comte d'Alais, *Duc d'Angoulême*, IV, 19

Vanderdoes, (Jean) *Sieur de Nordwick, Commandant au Siege de Leyde*, V, 89

Vandergoes. (*Avocats de Hollande*)
Aert, V, 74. Adrien, 84.

Vandick, (Antoine) *Peintre*, IV, 35
Van-Ryn. *Voyez* Rembrandt.
Varin, (Jean) *Graveur*, IV, 88
Vauban, (Sébastien le Prestre, *Seigneur de*) *Maréchal de France*, IV, 90
Vecelli. *Voyez* Titien.
Venceslas, *Empereur*, II, 4

Vendôme. (Ducs de)
Louis de Bourbon, I du nom, *Prince de Condé*, II, 98
Antoine de Bourbon, III, 7
François, *Duc de Beaufort*, IV, 28
Louis-Joseph, *Généralissime des Armées de France & d'Espagne*, V, 31
Vergès, (plan de la bataille de) VI, 67
Vermandois. (Comte de)
Louis de Bourbon, *Amiral*, V, 1
Verneuil. (Marquise de)
Catherine-Henriette de Balzac d'Entragues, III, 73
Verscure, (Henri) *Peintre*, V, 24
Vertot, (René Aubert de) *Historien*, VIII, 57
Verue, (plan de) VII, 14
Vezzo, (Virginia di) *épouse de* Simon Vouet, *Peintre*, IV, 37
Victor-Amedée, II du nom, *Duc de Savoye, Roi de Sardaigne*, V, 13
Viglius de Zuichem d'Aytta, *Président du Conseil Privé des Pays-Bas*, V, 77

Villars. (*Seigneurs & Ducs de*)
  And. Bap. de Brancas, *Amiral*, III, 56
  Louis-Hector, *Maréc. de Fr.* V, 26
Villeneuve, (Romée de) *Gouv. de Provence*, I, 79 Louis, *Marq. de Trans*, II, 73
Villeroy, Nicolas de Neufville, (*Seigneur de*) *Secrétaire d'Etat*, III, 51
Villiers. *Voyez* Buckingham.
Vincent de Paul, (S.) *Instituteur de la Congrégation de la Mission*, VI, 26
Vintimille, (Charles-Gaspard-Guillaume de) *Archevêque de Paris*, VIII, 47
Visconti, (Jean Galeas) *Duc de Milan*, I, 99
Université. (Hommes Illustres de l')
  Jean Gerson, *Chancelier*, II, 9
  Charles Rollin, *Prof. d'Eloq.* VIII, 59

Balthasar Gibert, *Prof. d'éloq.* 60
Charles Coffin, *Principal*, 64
Voisenon, (Claude-Henri de Fusée de) *Abbé, Littérateur*, VIII, 74
Voltaire, (Marie-François Arouet de) *Poëte & Littérateur*. VIII, 75
Vouet, (Simon) *Peintre*, IV, 36
  Sa *femme* Virginia di Vezzo, IV, 37
Voyer de Paulmy, *Marquis d'Argenson*, (Marc René de) *Garde des Sceaux*, VIII, 16
Ursins, (Guillaume Juvenel, ou Juvenal des) *Chancelier*, II, 29
Wateau, (Antoine) *Peintre*, VIII, 85
Weimar, (Bernard) *Duc de Saxe*. IV, 17
Wolf, (Christian) *Mathématicien*, VIII, 81

Y

Yorck. (Duc d')
  Edouard IV, *Roi d'Angleterre*, II, 33

Yves de Paris, *Capucin*, VII, 37

Z

Zampieri, (Dominique) *ou le Dominicain, Peintre*, IV, 34

Zuichem d'Aytta. *Voyez* Viglius.

FIN.

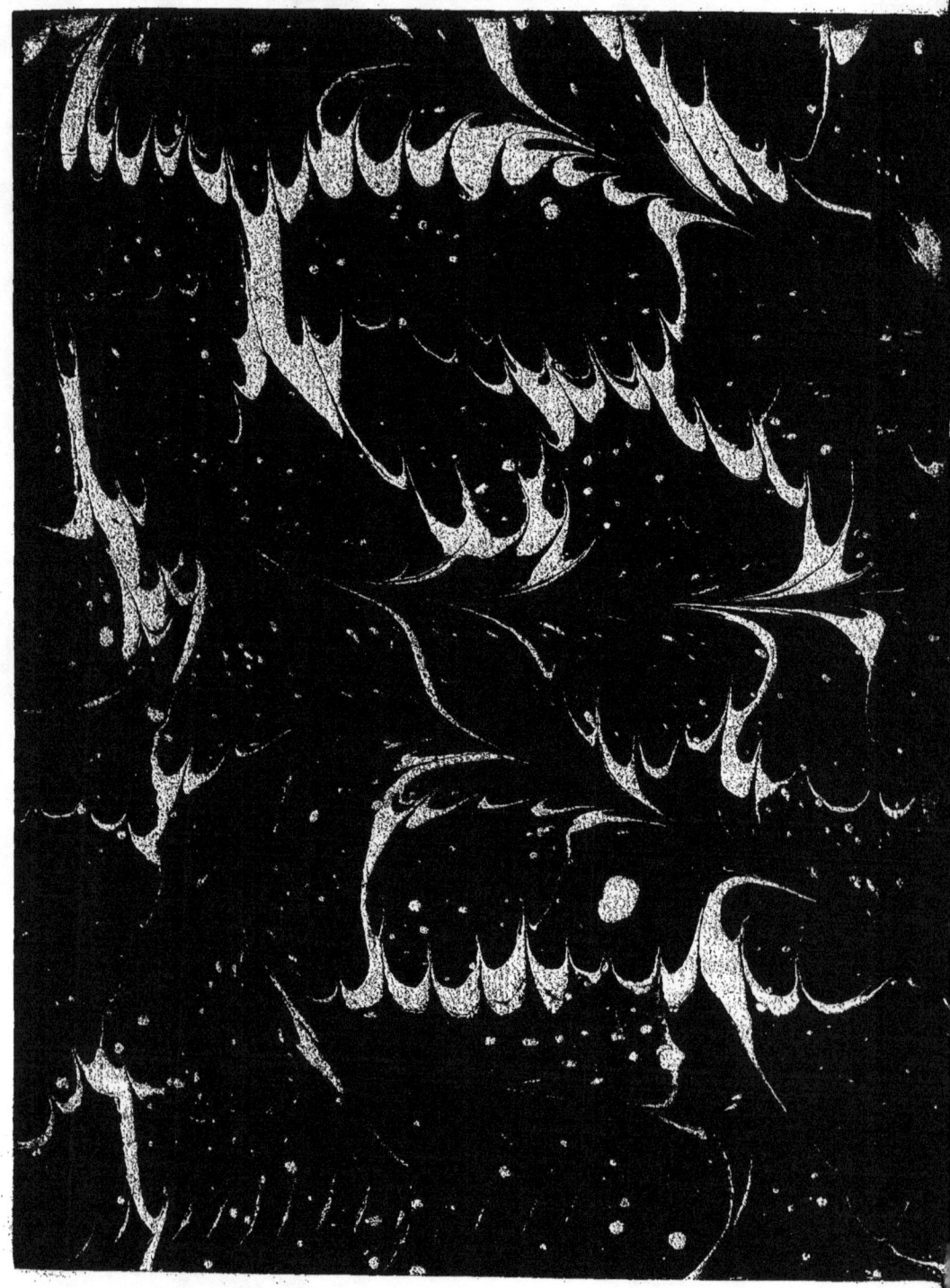

www.ingramcontent.com/pod-product-compliance
Lightning Source LLC
Chambersburg PA
CBHW050751170426
43202CB00013B/2387